S C H M U C K K U N S T   I M   J U G E N D S T I L

DIETRICH REIMER VERLAG BERLIN

Ingeborg Becker # Schmuckkunst im Jugendstil

Katalog zur gleichnamigen Ausstellung
im Bröhan-Museum Berlin
20. 12. 1988 – 19. 2. 1989

(Veröffentlichungen des Bröhan-Museums Nr. 4)

Idee der Ausstellung : Karl H. Bröhan
Katalog und Konzeption : Ingeborg Becker
Redaktion : Dieter Högermann
Ausstellungstechnik : Ronald Gerhardt

Fotografen :
Martin Adam, Berlin
Hans J. Bartsch, Berlin
Bernhard Block, Berlin
Walter Klein, Düsseldorf
Günter Meyer, Pforzheim
Georg Mayer, Wien

Bildarchiv Badisches Landesmuseum, Karlsruhe

CIP-Titelaufnahme der Deutschen Bibliothek

Schmuckkunst im Jugendstil : [Katalog zur gleichnamigen
Ausstellung im Bröhan-Museum Berlin, 20.12.1988 – 19. 2. 1989] /
Ingeborg Becker. – Buchh.-Ausg. – Berlin : Reimer, 1989
    Auch als : Veröffentlichungen des Bröhan-Museums ; Nr. 4
    ISBN 3-496-01064-9
NE: Becker, Ingeborg [Bearb.]

Buchhandelsausgabe :
Dietrich Reimer Verlag
Dr. Friedrich Kaufmann
Unter den Eichen 57
1000 Berlin 45

Graphische Gestaltung : Atelier Blaumeiser, Berlin
Lithoherstellung : Terra-Klischee GmbH
Satz : Richard Eins, Berlin
Druck : Harald Rauscher oHG, Berlin

ISBN-Nr. 3-496-01064-9

Abbildung auf dem Titel :
Brosche um 1907
Entwurf Georg Kleemann
Schmuckmuseum Pforzheim

Und lange! immerzu! in deine schweren Haare
Streut meine Hand Saphir, Rubin und Edelstein,
Daß meinem heißen Wunsch Erfüllung widerfahre!
Oase bist Du und mein Traum, das wunderbare
Gefäß, das mich erfrischt mit der Erinnerung Wein!

Charles Baudelaire „Das Haar"
in „Die Blumen des Bösen"

Der Weiber Schmuck aber
soll nicht auswendig sein

1. Petrus III, 3

Verstärkt wendet sich das Bröhan-Museum dem Materialbereich Metallarbeiten zu. In den letzten Jahren gelang es, eine sehr umfangreiche Sammlung von Korpusstücken und Bestecken aus edlem und unedlem Metall, welche die Entwicklung vom Jugendstil zum Funktionalismus exemplarisch belegt, zusammenzutragen, die aus Anlaß der Einweihung der Sonderausstellungs-Räume im Dachgeschoß unseres Museumsgebäudes erstmals gezeigt werden soll.

Schmuck, der zu den Metallarbeiten gehört, wurde bisher in unserem Hause nicht gezeigt, ist aber von großem Interesse und hohem Rang in der von uns gesammelten Zeit. Zunächst konzentrieren wir uns auf den Jugendstil, später soll eine Ausstellung in der anschließenden Zeit entstandener Arbeiten mit dem Schwerpunkt ART DECO folgen.

Frau Dr. Ingeborg Becker hat mit großem Engagement und viel Geschick eine sehr informative Ausstellung über „Schmuckkunst im Jugendstil" gestaltet und diesen Katalog verantwortlich bearbeitet. Mein Dank gebührt ihr wie den nachstehend genannten Leihgebern, die nicht nur den erbetenen Schmuck, sondern auch ihre Kenntnisse zur Verfügung stellten, allen voran Herrn Dr. Fritz Falk vom Schmuckmuseum Pforzheim und Frau Dr. Elisabeth Schmuttermeier und Frau Dr. Hanna Egger vom Österreichischen Museum für Angewandte Kunst, Wien, ohne deren großzügige Unterstützung diese Ausstellung in dieser Form nicht zustande gekommen wäre.

Frau Prof. Dr. Barbara Mundt vom Kunstgewerbemuseum SMPK Berlin, Herr Peter Schmitt, M. A., vom Badischen Landesmuseum Karlsruhe, das Städtische Museum Schwäbisch-Gmünd, Herr Dr. Karl Bernd Heppe vom Stadtmuseum Düsseldorf, die Galerie Marianne Geitel, Berlin, die Galerie Torsten Bröhan, Düsseldorf, die Galerie Bleibtreu-Antik, Berlin, die Galerie Art 1900, Berlin, die Sammlung Jörg Schwandt, Berlin und private Leihgeber, die nicht genannt werden möchten, trugen wesentlich zur Abrundung der Ausstellung bei.

Nach der zu Recht vielbeachteten René-Lalique-Ausstellung, die in Pforzheim, München und Hamburg zu sehen war, nun ein weiterer Leckerbissen für die Freunde des Jugendstils.

Berlin, im Dezember 1988   Karl H. Bröhan

Zur zweiten Auflage

Die Ausstellung „Schmuckkunst im Jugendstil" zog außerordentlich viele Besucher an, und schließlich war der Katalog vergriffen. Da das Museum nach wie vor nach dieser Dokumentation gefragt wird, haben wir uns zu einer Neuauflage entschlossen. Ich wünsche der zweiten Auflage des Katalogs „Schmuckkunst im Jugendstil" eine weite Verbreitung.

Berlin, im Juli 1989   Karl H. Bröhan

Französischer Art Nouveau und seine Auswirkungen

Der französische Jugendstil-Schmuck bevorzugt, analog der Entwicklung in den anderen Äußerungen des Kunstgewerbes, den figürlichen, plastischen Dekor.

Angeregt durch literarische Quellen, durch exotische Einflüsse wie den Japonismus, auch durch gegebene sozio-kulturelle Bedingungen, nimmt der französische Schmuck dieser Zeit mit seinen floralen oder zoomorphen Dekoren, mit den surrealistischen Mischwesen aus Mensch und Tier eine einzigartige Stellung ein. Die überragende Persönlichkeit der französischen Schmuckkunst war zweifellos René Lalique. Seine Creationen schufen einen neuen Typus von Schmuck, das „Genre Lalique", dessen Ausstrahlung Belgien, Österreich und Deutschland erreichte. Lalique führte eine faszinierende Traumwelt vor : Blüten, Insekten, Reptilien, Pflanzen, Früchte, Nymphen – Formen, die alle miteinander verschmelzen konnten. Mit dem Gebrauch von ungewöhnlichen Materialien, die in der hohen Juwelierkunst unüblich waren, wie Horn, Schildpatt, Email und Halbedelsteine in der Kombination mit Gold, Diamanten und Perlen, wurden Kunstwerke geschaffen, denen ein eigentümlich morbider Reiz innewohnt, und die in besonderer Weise die Stimmung des Fin-de-siècles verkörpern. Denn „Traum und Tag, Leben und Tod liegen hier nahe beieinander, und die schönste Fülle weht bereits ein Hauch von Verwesung an, die makellose Unschuld birgt das Gift des Untergangs."[1])

Laliques Kunststücke verkörpern exemplarisch die Tendenzen des Art-Nouveau-Schmuckes. Entwerfer wie Philippe Wolfers, Lucien Gaillard, Henri Vever, Georges Fouquet und Eugène Feuillâtre variieren die gleichen Motive.

Dieser Schmuck, oftmals als symbolistisch bezeichnet, weist eine deutlich sichtbare Tendenz auf, literarische oder malerische Inhalte zu transportieren. In Lyrik und Prosa der Zeit wurden Bilder entworfen, die ihre Entsprechungen in der plastischen Umsetzung im Schmuck haben können. Diese Wechselwirkung zeigt sich ebenfalls in umgekehrter Richtung. Dem uralten magischen Charakter, den Edelsteine und Gold wie auch bestimmte Schmuckmotive wie Schlange und Blumen haben, entzieht sich fast keiner der Literaten der Jahrhundertwende.

Der Schmuck Frankreichs ist in besonderer Weise auf die Frau bezogen. Schmuckstücke werden oftmals zu einer Synästhesie von literarischer Imagination und taktilem, sinnlich wahrnehmbarem Kunstgegenstand.[2]) So zum Beispiel die Vorliebe des Art-Nouveau-Schmukkes für das an sich uralte Schlangenmotiv, das dem literarischen Topos der kalten Verführerin entspricht, den Baudelaire verwendet. „Ich liebe diesen matten Schimmer / Deiner Haut, mein Kind / Der wie ein seidiges Geflimmer / Funkelnd dich umrinnt! / ... Doch deine Augen, die verschweigen, / Ob du bös, ob hold, / Sind kalte Edelsteine, zeigen / Eisen nur und Gold."[3])

So ist denn auch die mondäne Frau, die kostspielige Maitresse, die Schauspielerin die eigentliche Adressatin dieses Schmuckes, sie tritt aber nicht unbedingt als die Käuferin auf.

Die große einheitliche Sammlung von Lali-que-Schmuck in Lissabon ergab sich allein durch die Begeisterung, die der sagenhaft reiche Calouste Gulbenkian dieser Kunst entgegenbrachte. Er bestellte sukzessive 145 Schmuckstücke bei Lalique. Ob es sich von vornherein, wie oftmals angenommen, nur um Vitrinenstücke handelte, oder ob dieser Schmuck nicht doch seinen eigentlichen Zweck erfüllte, kann hier nur als Frage stehen.

Die Interdependenz von der Trägerin des Schmuckes und dem Schmuckstück selbst spielt eine außergewöhnliche Rolle. Die Frau der Jahrhundertwende wird in diesem Zusammenhang zum Bild, zum kostbaren Gegenstand, der verschiedene Interpretationen haben kann. Als Vampir, Schlange und Sirene, als lockendes Nymphchen, unschuldig und mit Blumen im Haar, aber immer edelsteingeschmückt und absolut luxuriös.[4]

Es sind Frauen und Schmuckstücke, die in der „Welt der Guermantes" in „Swanns Welt" eine Rolle spielen, die aber auch den Vorstellungen von „Sodom und Gomorrha" entsteigen können oder aus dem „Schatten junger Mädchenblüte".[5]

In Deutschland wenden sich, von zahlreichen Nachahmungen abgesehen, dem „Genre Lalique" Wilhelm Lucas von Cranach in Berlin und Karl Rothmüller in München zu. Rothmüller schien das Repertoire besonders gut übernehmen zu können. Pfau und Schlange, japanisch inspirierte Kämme mit Heuschrecken besetzt, werden als Motive verwandt (Kat. Nr. 21). Die Kombination von Halbedelsteinen, vergoldetem Silber, Email und eigentümlich barock geformten Perlen lassen zumindest für den oberflächlichen Betrachter seine Arbeiten ganz dem Geist des großen Vorbildes Lalique verpflichtet erscheinen. Bloß daß Rothmüller, wie es fast hämisch heißt, „seine Preise nicht wie dieser (Lalique, I. B.) fast ausschließlich auf die Scheckbücher von amerikanischen Multimillionären zuschneidet". Die bizarre, eigentümliche Bildphantasie Laliques war aber eben nicht nur eine Frage des Preises.

Mit Philippe Wolfers (Kat. Nr. 20) und Wilhelm Lucas von Cranach (Kat. Nr. 19) stellen sich Lalique zwei eigenständige Künstler zur Seite, deren Werk von ähnlicher Intention getragen wird. Beiden ist die Darstellung des Bedrohlichen, Exzentrischen und Gefährlichen eigen. Ihre Bildwelt besteht nicht nur aus den dekorativen Versatzstücken, die sich aus dem französischen Art-Nouveau-Schmuck beziehen lassen. Die Schmuckkämme von Wolfers werden durch den bizarren figürlichen Aufsatz fast zu Waffen: der triumphierende Kakadu mit gesträubtem Gefieder, der mächtige Reiher; der Kamm mit dem Titel „La nuit", auf dem Fledermäuse eine Eule umschwirren, oder der Schmuckkamm, auf dem Schlangen einen Pfau umzüngeln. Sie führen ein luxuriöses Bestiarium vor, aus dem der heutige Betrachter nur schwer herauslesen kann, daß dem Werk „Lebensfrische" und „Natürlichkeit" eignet.[6]

Wilhelm Lucas von Cranach (1861–1918) führte seine Herkunft auf die Schweizer Malerfamilie des 16. Jahrhunderts zurück. Seine Ausbildung als Forstmann, Bildnismaler in Weimar, sowie auch seine Entwürfe für Goldschmiedearbeiten lassen eine vielseitige Begabung erkennen. Cranach vollzog, ähnlich zahlreichen Künstlern der Jahrhundertwende, ein Überwechseln aus dem Reich der hohen Kunst in das Gebiet der „Kunst im Handwerk".

Cranach ging in seinen bizarren Schmuckentwürfen zunächst nicht so sehr vom Edelstein aus, sondern von der unregelmäßigen Form der „perle baroque". Aus dieser Naturform heraus entstand der Entwurf, eine eigentümliche Bewegung von innen nach außen läßt sich an zahlreichen Schmuckstücken ablesen.

Wilhelm von Bode, Generaldirektor der Berliner Museen, war der zeitgenössisch bedeutendste Interpret von Cranachs Arbeiten. Er konstatierte bei ihm die künstlerische Absicht, „die reichen Wunder der Natur", wie sie sich in unbelebter Materie wie Farbsteinen oder Perlen darboten, „zu organischen Wesen umzuschaffen, ihnen (belebte, I. B.) Gestalt zu geben."[7]) Vorzugsweise verwendete Cranach als zoomorphe Formen phantastische Meerwesen wie Polypen, Tintenfische und leitmotivisch immer wieder die Schlange.[8])

Cranachs Schmuck erreichte durch die „naturalistische Stilisierung" – ein Paradoxon, das aber seine Berechtigung hat – eine eigentümliche Wirkung. Seine Arbeiten weisen einen latent altertümlichen Charakter auf, wozu die Kombination von Gold, Brillanten mit Email und bunten Steinen beiträgt. Zumal Cranach auch gern mit verschiedenfarbigem Gold arbeitete, dem sogenannten „quatre couleur" des Louis-Seize-Stils. Die Berliner Juwelier-Firma Friedlaender führte dieses an sich aufwendige Verfahren auf galvanischem Wege durch. Durch eine solche historische Komponente und durch die bizarre (Natur)Form, zu der der Schmuck bei Cranach wird, tendieren diese phantasievollen Arbeiten mehr zum Kunstkammerobjekt. Nur seinen unaufwendigeren kleinen Broschen mit Blütenmotiven mag man die Anpassung an die „moderne Tracht" glauben, Schöpfungen wie dem „Tintenfisch mit Schmetterling" (Kat. Nr. 19), der Gorgoneion-Brosche oder dem „Schlangennest" versagt sich fast eine Anwendung im Alltagsleben.

W. L. von Cranach
Medusenhaupt
Abb. aus: Werke moderner Goldschmiedekunst 1903

Japonismus

Der ostasiatische Impuls, der künstlerisch die letzten Jahrzehnte des 19. Jahrhunderts stark beeinflußte, wird allgemein unter der Bezeichnung Japonismus geführt. Ausgehend vom französischen Art Nouveau wurden Formen und Motive auch des Schmuckes stark davon geprägt. Der Blumen-, Blüten- und Pflanzenbegeisterung, dem Interesse an der Natur überhaupt kam die künstlerische Sehweise der Japaner entgegen. Typisch ist die stilisierte, aber trotzdem genau erfaßte Wiedergabe der Naturform wie auch die asymmetrische Aufteilung der Fläche.

Für den Schmuck wurde die Form der „tsuba", des Stichblatts bei japanischen Schwertmontierungen, wichtig. Die Grundform der tsuba kann oval, rund oder viereckig sein, die Außenlinie oftmals geschweift. Die in aufwendig durchbrochener Manier gestaltete Binnenfläche zeigt in stark stilisierter Form Pflanzen, Tiere, Früchte oder Blumen. Beim Material handelt es sich um Eisen, Silber, Gold oder Metallkombinationen.

Die Komposition dieses Schmuckes wurde durch die Grundform bestimmt, und die Schmuckkünstler des Jugendstils paßten sich durch lineare Schwünge, Stilisierungen und Asymmetrie daran an.

Die umfassende Kenntnis setzte schon sehr früh durch eine großangelegte Publikation ein. 1893 stellte Justus Brinckmann die „Sammlung japanischer Schwertzierathe im Museum für Kunst und Gewerbe zu Hamburg" einer interessierten Öffentlichkeit vor.

Die in der europäischen Schmuckkunst unüblichen Materialien wie Horn und Schildpatt in Verbindung mit Email, Perlen und Halbedelsteinen spielten im Japonismus eine wichtige Rolle. Gerade Horn entsprach mit seiner „Natürlichkeit" des Materials und auch mit der ihm eigenen geflammten Farbigkeit den Vorstellungen des Art Nouveau, der immer die Schönheit der Form und des Materials über die eigentliche Kostbarkeit stellte.

Lalique und Gaillard bedienten sich eingehend der Möglichkeiten, die in der künstlerischen Gestaltung von Horn lagen und öffneten damit auch den Weg für die Popularisierung dieses Materials. Als Spezialisten für französischen Art Nouveau-Hornschmuck galten Mad. Bonté und Georges Pierre, die später fusionierten. Aus ihrer Produktion entstanden großformatige Anhänger, die durch die asymmetrische Flächenaufteilung und die vorwiegend aus Insekten und Blumen gebildeten Motive ihren japonistischen Einschlag nicht verleugnen können[9]). (Kat. Nr. 45)

Als Anregung für die Schmuckkünstler des Art Nouveau diente ferner der japanische Zierkamm. Auch hier entsprachen die Materialien wie Horn und Schildpatt dem Stilempfinden der Zeit. Die zusätzliche Ausschmückung mit Goldmontierung, Perlen und Halbedelsteinen wurde ebenfalls übernommen. Die Form des Kammes unterlag, bedingt durch die unterschiedlichen Haartrachten der Japanerin und der Europäerin, einer leichten Modifizierung, das Grundmuster wurde aber beibehalten. Der japanische Kamm hatte die Funktion, das dicht gespannte und geölte Haar in mehreren Kaskaden treppenartig zu unterteilen. Die Form war gerade oder rundgebogen, mit relativ kurzen Zinken. Als obere Bekrönung diente eine Schmuckplatte. Die Europäerin trug das Haar lockerer, die Anordnung der Kämme war anders. Die europäischen Jugendstil-Varianten sind deshalb generell schmäler, sie neigen zum Hochformat und die Zinken sind üblicherweise wesentlich länger. Der Schmuckplatte als „Bekrönung" wird allerdings die gleiche künstlerische Aufmerksamkeit gewidmet.[10])

Zur japanischen Kammgarnitur gehört neben dem Kamm (kushi) der Haarpfeil (kôgai) und die Haarnadel (kanzashi), Accessoires, die ebenfalls in abgewandelter Form ihren Platz in der europäischen Schmuckmode eroberten. Denn aus einer Synthese von Haarpfeil und Steckkamm entwickelt sich für die Europäerin der schmale Kamm mit zwei langen Zinken. Die obere Partie wird ornamental reich ausgeschmückt und ist oftmals in Form einer mittels Scharnier beweglichen Platte am Unterteil befestigt.

Ein dekoratives Beispiel dieser Gattung zeigt der von Kay Bojesen in Dänemark gefertigte Kamm mit volutenartig gerollten Silberblättern, Mondsteinen und Achaten (Kat. Nr. 86). Eine einfachere Ausführung, im künstlerischen Entwurf aber nicht weniger stringent, weist der Haarstecker von Georg Kleemann (Kat. Nr. 26) auf.

Die massive und ornamental sehr aufwendig gearbeitete japanische Haarnadel fand im europäischen Haar und auch innerhalb der Frisur keinen Platz. Formal gesehen kehrte sie aber als Hutnadel in die europäische Mode zurück.

Anmerkungen

[1] Martina Wehlte-Höschele, Libellenfrau. Schmuck von René Lalique. In: Frankfurter Allgemeine Zeitung vom 4.11.1987, S. 27

[2] Die literarischen Abhängigkeiten und Beeinflussungen werden bei Sigrid Canz, Symbolistische Bildvorstellungen im Juwelierschmuck um 1900. Phil. Diss. 1976, untersucht. Siehe dazu auch Ulrike von Hase, a.a.O., S. 26ff.

[3] Charles Baudelaire. Die Blumen des Bösen. Berlin-Neuwied 1955, S. 87

[4] Mit der Gleichsetzung von Frau und Schmuckstück wird der Objektcharakter betont und die latente Assoziation von Käuflichkeit in beiden Kategorien hervorgerufen. Siehe dazu auch Ezra Pound, 1910, WOMEN BEFORE A SHOP / The gew-gaws of false amber and false turquois attract them / Like to like nature: these agglutinous yellows! In: Selected Poems. London o.J., S. 117

[5] Die Titel beziehen sich auf die Bucheinteilungen von Marcel Prousts Romanwerk „Auf der Suche nach der verlorenen Zeit" (Deutsche Gesamtausgabe Frankfurt und Zürich 1955 ff.).

[6] In: Velhagen & Klasings Monatshefte. Jg 1901/02, Band 2, S. 348 mit Abb.

[7] W.v. Bode, Werke moderner Goldschmiedekunst, Leipzig 1903, S. 5

[8] Das Schlangenmotiv bevorzugte der Künstler, über die allgemeine Vorliebe der Zeit hinaus, deshalb, weil es Teil des historischen Wappens der Malerfamilie v. Cranach war.

[9] Vgl. auch Cathryn Vaughan, Art Nouveau Horn Jewellery. In: Art Collector. Jg. 1982, Nr. 11, S. 64 f. Die Autorin versucht auch die komplizierte Technik der Horngestaltung zu rekonstruieren.

[10] Nach Siegfried Wichmann, Japonismus. Ostasien in der Kunst des 19. und 20. Jahrhunderts. Herrsching 1980, S. 420, Anm. 29, ersetzt der Schmuckkamm des Jugendstils das Diadem des Empire und des Historismus.

Die Pforzheimer Schmuckindustrie

Die führende Rolle innerhalb der deutschen Schmuckproduktion nahm das im Nordbadischen gelegene Pforzheim ein. Kurz vor der Jahrhundertwende ging von hier aus eine starke wirtschaftliche und künstlerische Expansion aus, die der erfolgreichen Bijouteriebranche zuzuschreiben war.

Die Zahl der Betriebe wuchs von 1900 bis 1914 ständig an. Der Höhepunkt dieser Entwicklung lag sicher in den Jahren 1903 bis 1906, wo in kurzer Zeit eine Zahl von 24 000 Arbeitsplätzen erreicht wurde. Trotzdem sind, aufgrund der enormen Nachfrage, aus dieser Zeit Lieferschwierigkeiten bekannt. Um 1910 waren 29 000 Arbeiter in Pforzheim tätig, bei Kriegsausbruch 1914 gab es 30 000 Arbeiter bei einer Gesamteinwohnerzahl von 75 000.[1]

Dementsprechend war der Umsatz, der jährlich 200 Millionen Mark Verkaufswert an Schmuckerzeugnissen betrug. Der Postverkehr Pforzheims nahm mit den ins Ausland versandten Wertbriefen und Wertpaketen unter allen deutschen Postanstalten (nach Berlin) den zweiten Platz ein. An Löhnen zahlten die Unternehmen jährlich 30 161 762 Mark.[2]

Die wirtschaftliche Entwicklung von Pforzheims Industrie partizipierte im späten 19. Jahrhundert von den neuen kapitalistischen Gesetzmäßigkeiten. So forcierte sich der Ausbau des privaten Kreditwesens, es erfolgte der Anschluß an das moderne Verkehrsnetz der Eisenbahn, generell setzte in den Betrieben eine technische Spezialisierung und Trennung von bestimmten Arbeitsvorgängen ein. Dadurch aber, daß es sich beim Rohstoff von Schmuck um Edelmetall, also Münzmetall, handelte, war diese Industrie in besonderem Maße abhängig vom internationalen Kapital- und Geldmarkt und damit besonders krisenempfindlich. Jede geringe politische Erschütterung wirkte sich seismographisch direkt aus. Der Prosperität dienten die französischen Reparationszahlungen von 1871, und günstig hinzu kam noch die Ausschaltung der französischen Konkurrenz. Firmenneugründungen und erhöhte Kreditaufnahmen waren die Folge. Katastrophal erwies sich hingegen, nur wenig später 1873, der Wiener Börsenkrach. In dem Versuch, ihre Existenz zu retten, verlegten sich viele Betriebe auf die Herstellung von billigem Gold- und Silberschmuck oder wandten sich der Doublé-Fabrikation zu, die allerdings hier höchste technische Qualität erreichte.

In dieser Zeit tiefster wirtschaftlicher Depression, 1877, wurden durch fortschrittliche Industrielle die Kunstgewerbeschule und der Kunstverein gegründet. Künstlerische Qualität sollte der nachwachsenden Generation durch vorbildliche Arbeiten und gute Lehrer vermittelt werden.

Um 1885 war die Krise überwunden und die Bijouterie-Industrie prosperierte kontinuierlich. Durch sie wurde die gesamte badische Metallverarbeitungsindustrie zu einer der größten Wachstumsbranchen überhaupt.[3]

Die Pforzheimer Produktion war stets expansiv dem Auslandsgeschäft zugewandt, über die Hälfte, auch gerade der hochwertigen Schmuckerzeugnisse, war dafür bestimmt.[4]

Die wirtschaftliche und künstlerische Verbindung zu Paris war eng. Als bekanntes Beispiel einer direkten Zusammenarbeit dient der Gold-Anhänger (Kat. Nr. 14) von Rühle, der 1905 in Pforzheim ausgeführt wurde. Er bildet nur ein Rahmenwerk um eine Emailplakette, die von dem bedeutenden Pariser Schmuckkünstler Etienne Tourette angefertigt wurde. Tourette, der für berühmte Juweliere wie Fouquet und Vever arbeitete, hatte eine spezielle Technik von Goldeinschlüssen in Email (sog. „paillons") entwickelt. Es kann deshalb auch davon ausgegangen werden, daß zahlreiche Art-Nouveau-Stücke, die in Paris unter berühmten Namen verkauft, in Pforzheim ausgeführt wurden. Ebenso werden Verbindungen zu Tiffany's in New York vermutet.[5]

Direkte Kontakte bestanden auch zur englischen Schmuckproduktion. Die enge Zusammenarbeit der Schmuckfirma Theodor Fahrners mit Murrle, Bennett & Co in London ist bekannt. Die Verbindung kam durch die Person Ernst Mürrles zustande, der, geboren in Pforzheim, um 1880 nach London ging, aber die Beziehung zu seiner Heimatstadt nicht abreißen ließ.

Fahrners Schmuckproduktion zeichnete sich durch eine innovative Hinwendung zu modernen künstlerischen Prinzipien aus. Er verwendete keine kostspieligen Materialien, sondern Silber oder Silber vergoldet, Halbedelsteine, Glas, legte aber das Hauptmerkmal auf einen exzellenten Entwurf. Ihm gebührt das Verdienst, auch die Künstler der nicht allzuweit entfernten Darmstädter Mathildenhöhe für seine Schmuckstücke herangezogen zu haben. Die klaren linearen Arbeiten, die Patriz Huber oder Moritz Gradl für Fahrner machten, fanden gerade auch in England ein aufnahmebereites Publikum. Diese Schmuckstücke weisen, neben den beiden Marken-Ligaturen, auch das jeweilige Künstler-Signet auf[6].

Namen von Pforzheimer Firmen wie die Gebr. Falk, wie Louis Kuppenheim, Lauer & Wiedmann, Levinger & Bissinger, Viktor Mayer, C.W. Müller, Rodi & Wienenberger, Otto Zahn und F. Zerrenner stehen für die ganze Bandbreite von Schmuck, der sich an den Tendenzen der Zeit orientierte. Ihre Schmuckproduktion bewirkte jene „Demokratisierung des Luxus"[7], die das Kennzeichen Pforzheims wurde.

Der Jugendstil war in seiner gesamten künstlerischen Vielfalt vertreten: es gab die Orientierung an den symbolistisch beeinflußten Motiven der großen Pariser Juweliere, die konstruktivistischen Entwürfe der Darmstädter, die floralen Unverbindlichkeiten eines mehr konventionellen aber guten Geschmacks.[8]

In der Persönlichkeit Georg Kleemann (1863–1932) kristallieren und verdichten sich die künstlerischen Spektren. Sein Werk weist heterogene Züge auf. So kann es vereinzelt noch historistische Einsprengsel geben, wie die Verwendung einer antikisierenden Gemme bei einer Brosche (Hess. Landesmuseum, Darmstadt), charakteristischer sind allerdings seine Stilisierungen und abstrakten Entwürfe. Von seinen zahlreichen Schmetterlingsbroschen machen einige Exemplare eine erstaunliche Metamorphose vom stilisierten, aber doch erkennbaren Naturvorbild zum abstrakten „Fluggebilde" durch (vgl. Kat. Nr. 27, 129). Die Entwürfe seiner Colliers können durchaus verspielt wirken, wie Kat. Nr. 28, 29. In beiden Fällen liegen Naturformen dem Schmuckstück zugrunde, zum einen der sanfte Schwung eines taubengrauen Phantasiegefieders, im anderen Fall erkennt man die tektonische Struktur eines Schmetterlings. Kleemann abstrahiert aber auch ungemein streng. Anhänger und Colliers weisen oftmals eine nüchterne Formensprache auf, die allerdings auf unglaublich elegante Weise konterkariert wird. Kulminiert erscheint diese Stilmischung in einer fulminanten Brosche von 1907 (Kat. Nr. 37), die Abstraktion und bereits wieder barocke Fülle aufweist. Kleemanns große Begabung und künstlerische Bedeutung liegen sicher in der, wenigstens in einem Teilbereich seines Werkes, konsequenten Anwendung eines geometrischen Dekors.

Auch bei Emil Riester, ebenso wie Kleemann Lehrer an der Kunstgewerbeschule, finden sich entgegengesetzte Möglichkeiten innerhalb seines Werkes. Während die frühen Entwürfe noch ganz vom floralen Gestaltungswillen beherrscht sind, können bei ihm um 1905 bis 1908 Naturstilisierungen und geometrische Abstraktion nebeneinander bestehen (Kat. Nr. 36, 162).

Eine Neigung mehr zum Preziösen, allerdings ohne gefällig zu wirken, kennzeichnet die Arbeiten von Max Benirschke (1880 Wien - 1961), der als Schüler J. Hoffmanns arbeitete und 1904 von Peter Behrens als Professor nach Düsseldorf geholt wurde. Neben seiner Tätigkeit als Entwerfer für buchgraphische Arbeiten, Interieurs und Textilien gibt es von ihm auch eine Reihe von Schmuckarbeiten, die in Pforzheim bei Fahrner ausgeführt wurden.. Seine Schmuckentwürfe zeigen die vielseitige Umsetzung von graphischen Flächenmustern ins Dreidimensionale.[9]

Die Eleganz seiner Linienführung und die Leichtigkeit, mit der die Schmuckelemente miteinander in Beziehung gesetzt werden, lassen ihn zudem fast als einen Vorläufer des Art Deco erscheinen.

Im Gegensatz zu der künstlerisch so vielseitigen Produktion der Pforzheimer gab es sonst nur noch regionale Ausprägungen. So macht ein kurzer Blick auf das Berliner Schmuckschaffen den Unterschied deutlich. Tonangebend waren hier die Juweliere Friedlaender und Werner. Hugo Schaper, Wilhelm Lucas von Cranach und Hermann Hirzel waren die Künstler, die in Berlin arbeiteten. Nur zögernd setzte sich hier der „neue" Stil durch. Die Berliner Schmuckkunst zeigte ein elegant gemäßigt floral-stilisiertes Formenrepertoire. Vorherrschend war ein mehr konservativer Geschmack, der sich immer noch eindeutig am Brillantschmuck und an historistischen Vorbildern orientierte. Nur vereinzelt entwarf Hugo Schaper Schmuck im „modernen Stil", allerdings wird auch dann nicht ganz auf den funkelnden, kalten Glanz der Brillanten verzichtet.

Allein, Schaper gelingt eine so reizende Schöpfung wie die des „Frühlingserwachens" (Württ. Landesmuseum Stuttgart), mit der er einen durchaus wichtigen Beitrag zum deutschen figürlichen Jugendstil-Schmuck leistet.

Die modernen Formen wurden noch am ehesten von Hermann Hirzel künstlerisch umgesetzt. Hirzel, 1864 geboren, studierte zunächst Naturwissenschaften und wandte sich dann der Malerei zu. Als Schüler der Berliner Akademie und nach längerem Studienaufenthalt bei dem Landschaftsmaler Karl Hagemeister in Ferch am Schwielowsee bevorzugte er ab 1894 buchgraphische Arbeiten und Schmuckentwürfe, die größtenteils beim Hofjuwelier Werner ausgeführt wurden.

Es sind unaufwendige kleine Preziosen, die das „liebevolle, eingehende Studium der Pflanzenformen" verraten, „ohne indessen etwa eine realistische Nachbildung der Natur zu geben"[10] (Kat. Nr. 89). Im Gegensatz zu Gradl oder Patriz Huber arbeitete Hirzel fast ausschließlich in Gold. Sein sanfter floraler Stil findet die konventionelle Entsprechung in den Arbeiten des Berliner Juweliers Hugo Eisenach.

Den bescheidenen Anschluß an das neue Ornament versuchte Albert Reimann, dessen Kunstschule ab 1907 generell eine progressive Richtung vertrat. Die Gürtelschließen, die Reimann um 1903 entwarf und ausführte, zeigen gemäßigtes Flechtwerk und gebändigtes Lineament sowie die Bevorzugung von Silber als Material.

Anmerkungen

[1] Im Vergleich: in der seit 1767 bestehenden Pforzheimer Schmuckindustrie gab es 1845 lediglich 17 Betriebe mit 1048 Arbeitern.

[2] Die statistischen Daten sind entnommen: Diether Raff, Die Industrie seit dem Beginn der Liberalisierung (1776). In: Die Pforzheimer Schmuck- und Uhrenindustrie. Beitr. zur Wirtschaftsgeschichte der Stadt Pforzheim. Hrsg. v. E. Maschke. Pforzheim o. J. (um 1970) S. 112 f.

[3] s. Willy A. Boelke, Wirtschaftsgeschichte Baden-Württembergs, Stuttgart 1987. S.. 348

[4] vgl. Hans von Zobeltitz, Die Pforzheimer Schmuckindustrie. In: Velhagen & Klasings Monatshefte. Jg. 1904/05, Bd. 1, S. 551

[5] s. Vivienne Becker, Art Nouveau Jewellery – Made in Germany? In: Antique Collector. Jg. 1982, Heft 9, S. 65 ff.

[6] s. Vivienne Becker, Murrle Bennett – are they the German link with Liberty Jewellery? In: Antique Collector. Jg. 1980, Heft 11, S. 72 ff.

[7] s. Ulrike v. Hase, a. a. O., S. 95 und Rüdiger Joppien, Aus 150 Jahren europäischer Schmuckgeschichte. In: Weltkunst 23/1986, S. 3785, der von einem „kostenniedrigen Alltagsschmuck" spricht, „der seinen Träger keineswegs auszeichnen, allenfalls geschmacklich akzentuieren soll".

[8] Hans von Zobeltitz, a. a. O., S. 556: „Gerade dieser nimmer rastende Schaffenstrieb, das sich Anschmiegen an alles Neue, wenn es zugleich schön ist, gab den Pforzheimer Fabrikanten im letzten Jahrzehnt ihre unbedingte Überlegenheit über die konservativen Hanauer Konkurrenten."

[9] vgl. Max Benirschke, Buchschmuck und Flächenmuster (Die Quelle. Bd. II, hrsg. von Martin Gerlach). Das eingesehene Exemplar stammt aus der Fortbildungsschule für Stickerinnen, Wien VI (Archiv der Hochschule für Angewandte Kunst).

[10] Velhagen & Klasings Monatshefte. Jg. 1900/01, Bd. 2, S. 467

Celtic Revival, Volksschmuck, Byzanz

Die Jahrzehnte der zweiten Hälfte des 19. Jahrhunderts standen im Zeichen der Aneignung bedeutender, aber vergangener Kunststile. Vorbildlich waren die Antike, die Gotik, die Renaissance, Barock und Rokoko.

In der Kunst des Jugendstils, getragen von der Sehnsucht nach Erneuerung und Ursprünglichkeit, sollten diese Imitationen und Plagiate durch ein neues Formenrepertoire abgelöst werden. Gleichwohl kannte auch der Jugendstil historische Rückgriffe, die im Sinne des neuen „Kunstwollens" umgesetzt und adaptiert wurden. In speziellen Sparten der Schmuckkunst zeigen sich solche retardierenden Momente besonders deutlich, allerdings erst auf den zweiten Blick. Denn die Tendenz zur Flächigkeit, zur Verwendung und Kombination bestimmter Materialien, die die Modernität dieses Jugendstil-Schmuckes ausmachen, läßt zunächst das historische Vorbild schemenhaft zurücktreten.

Zu Beginn des 20. Jahrhunderts setzte in Skandinavien, England und Deutschland eine starke Rückbesinnung auf die eigene Volkskultur ein. Großbritannien, als hochindustriell entwickeltes Land, begeisterte sich für das keltische Ornament, und der deutsche Jugendstil wird bereits sehr früh „als eine wahrhaft deutsche Kunst- und Formensprache" in neuzeitlicher Auffassung begriffen, da er an die lineare Gestaltung der altgermanischen Ornamentik erinnere.[1]

Die Gestaltung von Schmuck war diesen Einflüssen besonders zugänglich. Zumal wie beim „keltischen" Ornament ganz bewußt auf Arbeiten der Buchillustration oder der keltischen Goldschmiedekunst zurückgegriffen wurde. Beim Schmuck gilt als verbindendes Motiv das Vorherrschen von Kreisen, Spiralen, geschwungenen und verknoteten Bändern, Flechtwerk, das (oftmals) gehämmerte Silber und die Verwendung von Halbedelsteinen.

Arthur Liberty, der seit 1875 bereits die asiatisch-orientalische Volkskunst nach England brachte, entschloß sich in den späten 90er Jahren, eine spezielle Unterabteilung für Gold- und Silberwaren mit der Bezeichnung „cymric" zu begründen. Angepriesen wurde dieser Schmuck als ursprünglich und neu, bar jeder Konvention, hauptsächlich zeigte sich in ihm jedoch die Wiederbelebung der keltischen Schmuckauffassung.

Archibald Knox wurde hierin der führende Silber- und Schmuckgestalter. Sein Herkommen und seine Ausbildung lassen ihn wie eine Personifikation dieser kulturellen Strömung erscheinen. 1864 auf der Isle of Man geboren, beschäftigte sich Knox schon frühzeitig mit dem keltischen Ornament, eine Vorliebe von ihm, die er als Lehrer an der Douglas School of Art weitergeben konnte. Von ihm stammen auch der Entwurf eines keltischen Alphabets sowie zahlreiche bildhauerisch gestaltete Grab- und Gedenksteine, die im Stil der keltischen Steinkreuze gearbeitet sind.[2]

Ab 1901 lösten sich seine Schmuckentwürfe, die er für Liberty und Murrle, Bennett & Co ausführte, von allzu enger Abhängigkeit dem Vorbild gegenüber. Eine stärkere Stilisierung setzte ein. Reduzierte Linien und Formen, die in künstlerische Spannung zueinandergebracht wurden, die Hervorhebung der farbigen Steine lassen seine Stücke als erlesene Kostbarkeiten erscheinen (Kat. Nr. 130, 131).

Rückgriffe auf speziell national bedingtes Formempfinden zeigen auch Schmuckstücke von anonymen Entwerfern für Liberty, so z. B. in den Colliers (Kat. Nr. 180, 182), bei denen allein die gehämmerten und „genagelten" Silberplättchen den Charakter von urtümlichem Volksschmuck hervorrufen. In die gleiche Richtung zielen auch die martialisch wirkenden Gürtelschließen von Oliver Baker (Kat. Nr. 178, 179).

Der betont nationale Charakter dieser künstlerischen Rückbesinnungen ließ, (wahrscheinlich) besonders ausgeprägt in Deutschland, die These von den „stammesgeschichtlichen Wesenheiten" von Kunst populär werden. Eine Aussage, die sich im Bereich der angewandten Künste und damit auch in dem hier behandelten Sektor besonders gut vertreten läßt. Sicherlich ist erst einmal zuzustimmen, wenn es noch in einer neueren Publikation heißt: „Schmuckstücke, wie wir sie in Frankreich finden, sucht man in England vergebens, weil sie der Natur der Engländer und ihrer Tradition nicht entsprechen.[3]) Einer von vornherein pejorativen Einstellung dem Fremden gegenüber wird damit aber sehr schnell der Weg geebnet. So lehnt z. B. Muthesius 1901 den englischen Stil im Kunstgewerbe ab und bezeichnet ihn als Dilettantismus, als gekünstelt, der durch keine Ursprünglichkeit mehr entzückt: „Jene vergeblichen Bemühungen an … Reste von Volkskunst anzuknüpfen". Die Kunst des Nordens wird dagegengesetzt, die anders als im hochindustrialisierten England „sich jener glücklichen Stille erfreut, in welcher allein kernige Charaktere gedeihen.[4]) Die altnordische Ornamentik wird gelobt, mit ihrem verschlungenen Bandmotiv, den starken Stilisierungen von Pflanzen und Tieren - künstlerische Merkmale, die sich ebenso im keltischen Ornament wiederfinden, dort aber der damnatio preisgegeben werden.[5])

Die figürlichen und ornamentalen Motive, wie wir sie als Beispiel in den hier vorgestellten Arbeiten von Mogens Ballin und Georg Jensen finden (Kat. Nr. 95, 109) weisen aber jenen „gesteigerten, unruhigen Ausdruck des an sich Unbelebten auf", der als Merkmal der nordischen Ornamentik gilt. Denn die linear-geometrischen Verschlingungen werden nie auf eine einfachste, abstrakte Formel gebracht.[6])

Die Ornamentformen sind weich und gekurvt, die Binnenfläche neigt zum plastischen Volumen. Die Grundform dieser beiden Schmuckstücke läßt sich wohl aus der japanischen „tsuba" ableiten, wozu auch die Durchbruchtechnik gehört. Der dänische Jugendstil-Schmuck, der fast ausschließlich in Silber gearbeitet wird, nimmt internationale Strömungen auf und verarbeitet sie aber in sehr eigenständiger Weise.[7])

Im floralen Bereich dienten die heimischen Blumen und Pflanzen als Anregung, ohne aber als genaues Naturvorbild identifizierbar zu sein. Die üppigen Bernstein- oder Korallenanhänger, die die silbernen Broschen von Georg Jensen und Evald Nielsen akzentuieren, erinnern in ihrer intensiven Farbigkeit an reife Beeren- und Kapselfrüchte (Kat. Nr. 67, 212). Formal wurden oftmals japonistische Einflüsse umgesetzt oder aber die künstlerische Formensprache der Arts and Crafts-Bewegung.

In den Arbeiten des jungen Patriz Huber, eines der führenden Künstler auf der Darmstädter Mathildenhöhe, wird zunächst von der Kunstkritik seine bajuwarisch-alemannische Herkunft hervorgehoben. „Sein künstlerisches Schaffen ist neu, aber doch volkstümlich" heißt es weiter über ihn. Auch hier wird die national unterschiedliche Ausprägung der modernen Kunst betont. „So jung die neue künstlerische Bewegung ist, so gleichmäßig fast sie sich gleiche Ziele in den modernen Kulturländern gesetzt, so sehr unterscheiden sich bereits deren Werke nach Gestalt und Inhalt. Wir können und müssen heute von neuer deutscher Kunst reden.[8])

Die künstlerischen Kriterien werden im Moralischen gesucht. Patriz Hubers Entwürfe lassen seine guten Anlagen erkennen, das typisch Deutsche des „Sichselbstbekämpfens", das Unterdrücken des unwesentlich Schmückenden, das Vorwärtsschreiten mit den Besten seiner Zeit. Seine Kunst kennt keine Capricen, Nervositäten und Sensationsreize.

Die Schmuckarbeiten Patriz Hubers haben auch heute nichts von ihrer Modernität verloren; sie werden gern für die funktionale Richtung des deutschen Jugendstils reklamiert (Kat. Nr. 120 ff.). Allein seine Inspiration bezog auch er von alten „germanischen" Schmuckelementen. Die Kombination von Scheiben, Metallringen, von starker Stilisierung und farbigen Steinen, die fast ausschließliche Verwendung von Silber lassen solche Einflüsse erkennen.

In einem Brief, der nach seinem frühen Tod 1903 veröffentlicht wurde, bekennt sich der Künstler selbst offen zu einer solchen künstlerischen Nähe: „Vor den Traditionen alter Kunst, und ganz besonders derjenigen, die einst auf unserem heimatlichen Boden erwuchs, hege ich die größte Achtung. Viele Schönheitsgesetze verdanke ich ihr. Man sagt, meine Kunst sei deutsch; wenn dem so ist, ist's meine größte Freude."[9]

In unmittelbarer stilistischer Nähe zu Schmuck, der sich auf nationale archäologische Herkunft bezieht, sind die Ausführungen zu sehen, die ihre Anregungen aus regionalem, bäuerlichem Schmuck beziehen. Ebenso wie im Sinne eines „Kulturkonservatismus" die Rückwendung zu weit entfernten Jahrhunderten faszinierte, erfuhr um 1900 die bäuerliche Kultur eine starke künstlerische Aufwertung. In Literatur, Kunst und Kunstgewerbe diente der etwas kantig-derbe, ursprüngliche Charakter des bäuerlichen Menschen und der Dinge seiner täglichen Umgebung als Anregung.[10]

Der Schmuck des Jugendstils wandte sich mit besonderer Hingabe diesem volkstümlichen Element zu.

Bäuerlicher Schmuck bevorzugt Silber, vergoldetes Silber, nur selten Gold. Eine dominierende Rolle spielt die Filigrantechnik, als farbige Akzente werden Glassteine, Glasflüsse und Glaspasten verwandt. Als (Halb)Edelsteine kommen Türkise und Granate vor, ferner Bernstein und Koralle.

Der bäuerliche Schmuck muß immer im Zusammenhang mit der betreffenden regionalen Tracht gesehen werden. Er ist nicht unabhängig, individuell. Von Interesse für unser Gebiet sind Hals- und Brustketten, Knöpfe, Mantel- und Gürtelschließen, Einsteckkämme und Hemdspangen. Volkstümlicher, bäuerlicher Schmuck geht sicher primär von anderen Voraussetzungen aus als künstlerisch gestalteter Jugendstilschmuck, der fast ausschließlich für ein städtisches Publikum gemacht wurde. Die naive Schmuckfreude, das „all-over" der reichen Ornamentik, die oftmals krude Farbigkeit und die manchmal derben Formen machen zunächst den Unterschied aus.[11]

Die Gemeinsamkeiten für eine Richtung innerhalb des Schmuckschaffens der Jahrhundertwende liegen aber trotzdem augenscheinlich offen zu Tage.

So ist die Verwendung der Materialien vergleichbar, wie Silber und Silber vergoldet; die Filigrantechnik wurde ebenfalls für „städtischen" Schmuck entdeckt. So in den Entwürfen Theodor Fahrners in Pforzheim, der sich besonders intensiv damit auseinandersetzte. Ebenso spielten die farbigen Glaspasten und Glassteine eine wichtige Rolle sowie die Verwendung der Halbedelsteine.[12] Auch der Schmuck des Jugendstils kennt die starke Betonung des Gewandschmucks. Ebenso wie bei der Tracht wird eine Reihe von Schmuckformen nur verständlich durch ihren Gebrauch. Das von der modernen Kunst propagierte „Reformkleid" in allen seinen Spielarten verlangte nach Gürtelschließen, Brustschmuck, Mantel- und Rockspangen. Die Form der Brosche, die im volkstümlichen Schmuck nicht vorkommt, wird nur wenig variiert den bäuerlichen Knöpfen und Hemdspangen entlehnt (Kat. Nr. 202).

Die Halskette der bäuerlichen Schmucktracht kennt normalerweise nur zwei Formen, von denen die eng am Hals anliegende uns hier interessiert. Ursprünglich wohl abgeleitet von den Rokoko-Perlschnüren, die in bäuerlicher Umsetzung sich in mehrreihige, dünne Silberketten verwandelten, begegnet uns hiermit eine ausgesprochen verbreitete Form des Jugendstilschmucks: das „collier-de-chien".

Die flachen, ornamentalen Quadratplatten, die die mehrteiligen Kettenstränge oder Perlenschnüre zusammenhalten und formieren, können im Trachtenschmuck kreisförmig oder viereckig ausfallen sowie im engeren Abstand sitzen, allein die Grundidee bleibt erhalten.[13]

Goldfibel
aus dem Fund von Nágy Milhaly, Ungarn 4. Jh. n. Chr.

Der künstlerisch gestaltete Schmuck des Jugendstils wurde gerade deshalb als etwas Neues empfunden, weil er auf diese verborgenen Traditionen zurückgriff. Immer wieder wird ein solcher Zusammenhang, wenn nicht direkt gesehen, so doch vermutet. Denn dieser neue Schmuck richtete sich gegen die alleinige Herrschaft des Diamant- und Brillantschmucks, dem oftmals „Farblosigkeit und kalte Prunksucht" attestiert wurde.[14] In der als Vorbildersammlung gedachten Reihe „Die Quelle" wird im Vorwort zu der großangelegten Publikation „Völkerschmuck" (1906) eingehend die Vielfalt des Schmuckes behandelt. Gefordert wird in der modernen Goldschmiedekunst der „Adel und Reichtum der Form, die Lebendigkeit der Erfindung" und nicht nur die „öde, abstrakte Kostbarkeit des Materials". Die Prinzipien der Materialgerechtigkeit und Farbenzusammenstellung lassen sich am „Erbschmuck vergangener Geschlechter bis herunter zum Bauernschmuck der verschiedenen Nationen Europas" besonders eindringlich für den heutigen Künstler und Handwerker studieren.[15] Erst mit der Auflösung der ständischen Hierarchie mit ihrer festgelegten Kleiderordnung, ihren Tracht- und Schmucksätzen ging eine „heillose Nivellierung und Verflachung in Fragen des Geschmacks" einher. Der materielle Geldwert wurde allein zum „Angelpunkt" von Erzeugung und Nachfrage beim Schmuck. Das Fotoalbum „Völkerschmuck" zeigt in der Tat erstaunliche Querverbindungen zum Schmuck des Jugendstils.

Bedingt durch die österreichische Provenienz der Sammlung und des Verfassers lag naturgemäß ein Hauptakzent auf Schmuck von Ländern der habsburgischen Monarchie und des Balkans. Hier begegnet uns ein auffälliger Schmuck, dessen Ursprünge sich weit zurückverfolgen lassen. Es ist die Form der Scheibenfibel, der am unteren Rand Kettchen angehängt sind, die wiederum Schmuckelemente tragen wie Perlen, tropfen- oder lanzettförmige Anhänger aus Halbedelsteinen, Emailplättchen. Eine Form, deren sich der Jugendstil-Schmuck als Anhänger oder Brosche häufig bedient. Dem Ursprung dieses ausgesprochen dekorativen Schmuckstückes kommen wir auf die Spur in der berühmt gewordenen Abhandlung des Kunsthistorikers Alois Riegl über die „Spätrömische Kunstindustrie", die 1901 in Wien erschien. Riegl publizierte in seinem aufwendig coloriert gedruckten Tafelteil genau diese Schmuckformen. Sie stammten aus ungarischen Funden, deren zeitliche Einordnung in die oströmische Kaiserzeit des 3. und 4. Jahrhunderts fällt und damit dem Kulturkreis Byzanz zugeordnet werden kann.

Die Verwendung von ungefaßten, mugelig belassenen Halbedelsteinen, die Vorliebe für das Email ist diesen Stücken ebenso eigen wie ihren Jahrhunderte später entstandenen Varianten. Riegl weist auch explizit auf das Nachleben der byzantinischen Schmuckprinzipien in der Volkskunst des Balkans hin.[16]) Als Beispiele der Umsetzung dieser Formen im Jugendstil-Schmuck dienen hier bei uns der Anhänger von Sophie Sander-Noske, Wien um 1910 (Kat. Nr. 211), und die (möglicherweise) deutsche Brosche (Kat. Nr. 209). Beide Stücke weisen alle Elemente wie Email, Filigran, die Anordnung der Halbedelsteine, die Gliederung durch Kettchen wie die byzantinischen „Urbilder" auf.

Noch in dem Anhänger von Josef Hoffmann, Wien 1912 (Kat. Nr. 176) läßt sich – in etwas abstrahierter Form – das gleiche Gestaltungsprinzip erkennen. Wenn auch „das Geschmeide seiner Natur nach und wegen seiner Kostbarkeit unter allen menschlichen Gebrauchsdingen am meisten zum Stillstand der Formen neigt und am wenigsten der Unrast der Moden unterworfen ist"[17]), ist es natürlich nicht zeitunabhängig, welche Vorbilder man sich erwählt.

Das Kennzeichen der byzantinischen Kunst ist ja denn auch in der Bevorzugung von Flächenschmuck und Architektonik des Ornaments zu suchen, geprägt von einer Tendenz zur Abstraktion, die „mit aller bewußten Absicht die Dreidimensionalität vermeidet und alles Heil in der Fläche sucht."[18]) Genau das strebte auch der Jugendstil an.

Ausgesprochen byzantinischen Einfluß verraten ebenfalls zahlreiche Entwürfe von Franz Böres, die in Pforzheim ausgeführt wurden. Seine hier gezeigten Anhänger (Kat. Nr. 145, 146) orientieren sich deutlich an der Form der Pendilien der byzantinischen Kaiserkrone.[19]) Vergleichbar sind die geometrischen Formen, die durchbrochene Struktur durch die Hängeketten, die vertikale Betonung durch nochmals angehängte Perlen. Allein das Material hält keinem Vergleich mehr stand, handelt es sich doch nur um vergoldetes Silber, Glassteine und unechte Perlen. In dieser Dürftigkeit des Materials liegt aber letztlich die Raffinesse, angestrebt wird ja keine historische Rekonstruktion eines vergangenen Schmuckstils[20]), sondern allein die Umsetzung des dekorativen Musters interessiert. Die Folge ist, daß dieser Anhänger mit seiner „abstrakten" Textur zu einem frühen, linear und geometrisch aufgefaßten modernen Schmuckstück wird.

Anmerkungen

[1] Deutsche Kunst und Dekoration, Jg. 1897, S. 1

[2] vgl. A. J. Tilbrook, The designs of Archibald Knox for Liberty & Co. London 1976

[3] Barbara Schaukal, Beiträge zur Wiener Schmuckkunst um 1900. Phil. Diss. 1976, S. 36

[4] In: Dekorative Kunst, Jg. 1901, S. 30

[5] Der keltische Einfluß ist begrenzt auf Schottland, Irland (England), Skandinavien. Vgl. Stephan Tschudi-Madsen, Sources of Art Nouveau. New York 1975. S. 220. Er läßt sich in Abwandlung auch noch im linearen Schwung der Van-de-Velde-Schmuckstücke wiederfinden.

[6] Wilhelm Worringer, Abstraktion und Einfühlung, München 1976, S. 150/151: Nordische Vorrenaissancekunst

[7] vgl. auch: Jörg Schwandt, Dänisches Silber des 20. Jahrhunderts, T. 1: Der Weg zum Jensen-Stil. In: Weltkunst, Jg. 1987, Nr. 22, S. 3412

[8] s. dazu: „Patriz Hubers Arbeiten auf der Ausstellung der Künstlerkolonie in Darmstadt". In: Dekorative Kunst, Jg. 1901, S. 457

[9] Dekorative Kunst, Jg. 1903, S. 80

[10] vgl. im Kunstgewerbe die Entwürfe Richard Riemerschmids für Möbel, Steinzeug und Porzellan. Der Vorliebe der Zeit für die sog. „Bauernkunst" meint man mit einer etwas abwertenden Aphorismensammlung entgegentreten zu müssen. Siehe dazu: Dekorative Kunst, Jg. 1905, S. 367: „Es ist bezeichnend für das Entwicklungslose der ‚Bauernkunst', daß sie immer reich, immer ornamental ist. Die Kunst aber fängt immer primitiv, schmucklos an (griech. Antike, Renaissance). Primitiv ist Bauernkunst nie, sondern derb und roh. Sie ist der unfähige, gemütliche Erbe einer reichen Generation."

[11] siehe dazu: Inge Behrmann. Volkstümlicher Schmuck. Kataloge des Museums für Kunst und Gewerbe Hamburg. Bd. VII. Hamburg 1985. S. 18

[12] Die weitaus größere Variationsbreite wird allerdings auf diesem Gebiet durch den englisch-indischen Einfluß gegeben. Siehe Seite 31.

[13] vgl. hierzu Kat. Volkstümlicher Schmuck, a.a.O., Nr. 791, S. 264 und Abb. S. 265, sowie Nr. 942–944, S. 300 mit Abb.

[14] vgl. W.v. Bode, Werke moderner Goldschmiedekunst. Leipzig 1903. Einleitung S. 6

[15] Völkerschmuck. Mit besonderer Berücksichtigung des metallischen Schmuckes. Einleitung von Dr. Michael Haberlandt, Kustos am K. K. Naturhistorischen Museum Wien (Die Quelle Nr. VII, Wien-Leipzig 1906)

[16] vgl. Alois Riegl, Die spätrömische Kunstindustrie. Wien 1901. Bd. I., S. 186 ff.

[17] vgl. Einleitung zu „Völkerschmuck", a.a.O.

[18] s. dazu: Worringer, a.a.O., S. 143. Die EA erschien 1908 im Buchhandel. Es handelt sich hierbei um Worringers Dissertation, die sich mit den Thesen Riegls auseinandersetzt. Das starke wissenschaftliche Interesse am Ornament korrespondiert mit der damals zeitgenössischen Kunst.

[19] vgl. dazu die Krone der Constanza im Kathedralschatz zu Palermo.

[20] Tendenzen, den byzantinischen Kopfschmuck wieder in die Mode einzuführen, gibt es bei Fouquet. S. Velhagen & Klasings Monatshefte, Jg. 1903/04, S. 718

Aus dem „Grundsatz-Manifest" der 1903 gegründeten Wiener Werkstätte läßt sich ein feierlich-programmatischer Ton heraushören. Gefordert wird ein Bekenntnis zu den Ideen von Ruskin und Morris und mitten im modernen Maschinenlärm und Geschäftstreiben soll eine „Werkstätte" gegründet werden, deren Intentionen auf vorindustrielle Zeiten zurückzugehen scheinen. Ihre Aufgabe sei es, „auf heimischem Boden, im frohen Lärm des Handwerks einen Ruhepunkt zu schaffen…" Es heißt weiter: „Wir wollen einen innigen Kontakt zwischen Publikum, Entwerfer und Handwerker herstellen und gutes, einfaches Hausgerät schaffen. Wir gehen vom Zweck aus, die Gebrauchsfähigkeit ist unsere erste Bedingung, unsere Stärke soll in guten Verhältnissen und in guter Materialbehandlung bestehen."

Innerhalb dieses Programms nimmt einen fast unverhältnismäßig breiten Raum die Darlegung künstlerischer Zielsetzung über die Gestaltung von Schmuck ein. Wohl aus dem Grund, daß der reinen, zweckmäßigen Form allein das autonome Schmuckstück als schmückendes Element hinzugefügt werden kann. Die berühmte Passage über die Schmuckgestaltung lautet:

„Wir benützen viel Halbedelsteine … sie ersetzen uns durch ihre Farbenschönheit und unendliche, fast nie wiederkehrende Mannigfaltigkeit den Wert der Brillanten. Wir lieben das Silber – das Gold des Goldglanzes wegen; uns ist das Kupfer in künstlerischer Beziehung ebenso wertvoll wie die edlen Metalle. Wir müssen gestehen, daß ein Schmuck aus Silber an sich so wertvoll sein kann wie ein solcher aus Gold und Edelsteinen."[1]

Gleichwohl vertrat die Wiener Werkstätte nicht den Gedanken einer „arte povera", sie transponierte den Wert eines solchen Schmuckstückes auf eine ideelle Ebene, in den Bereich des künstlerischen Entwurfs und der künstlerischen Arbeit, die den Kunsthandwerker in den gleichen Rang des Malers und Bildhauers erhob. Dem handwerklichen Anteil wurde ein großer Ermessensspielraum zugestanden, kenntlich an den oftmals nur vagen Angaben auf den Entwurfszeichnungen sowie an der Handwerkerpunze auf dem ausgeführten Schmuckstück.

Der ausgesprochen altertümelnde Ton, dessen Sprachduktus den Schriften Ruskins nachempfunden wurde und die Propagierung einer Kunst, deren Mitte in einfachen Gedanken und einfachen Formen lag, sollte nicht darüber hinwegtäuschen, daß es sich bei den Kunstobjekten der Wiener Werkstätte nicht um Dinge für einfache Leute handelte.

Besonders deutlich wird dieser Umstand bei den Bestellern von Schmuckstücken der Wiener Werkstätte. Es handelte sich um die Schicht des feinsinnig-ästhetischen, wohlhabenden und gebildeten Wiener Bürgertums, das in den Porträts Klimts, in den Analysen Freuds oder in den Novellen und Theaterstücken Hofmannsthals und Schnitzlers in Erscheinung trat.[2]

Der Schmuck der Wiener Werkstätte, in den ersten Jahren maßgeblich vom Formwillen Josef Hoffmanns und Kolo Mosers geprägt, zeichnet sich durch starke Reduzierung und Abstraktion aus. Hoffmann ist es, der die geometrische Form des Quadrats zum beherrschenden Prinzip auch seiner Schmuckentwürfe macht. Geometrische Abwandlungen wie Kreis, Oval und Rechteck sind zugelassen, ändern aber nichts wesentliches an der vorherrschenden Formenstrenge.

Hoffmann gelingt es, aufgrund dieses geometrischen Formenkanons seine Schmuckentwürfe in die von allen der Wiener Secession nahestehenden oder verbundenen Künstlern geforderte Zweidimensionalität zu überführen. Ähnlich der Graphik, dem Plakat oder anderen gebrauchsgraphischen Künsten wurde der Schmuck damit zur Flächenkunst.[3])

Ein Prinzip, das die Unterordnung der einzelnen Form innerhalb eines übergeordneten Ornamentplans ermöglichte. Betrachtet man sich unter diesem Aspekt das berühmte Porträt Adele Bloch-Bauers von 1907 (Österreichische Galerie), das Gustav Klimt von ihr schuf, so ist die Herrschaft des Ornaments über die dargestellte Person evident. Genauer gesagt ist es die Priorität des Schmuckornaments, das sich besonders deutlich herauslesen läßt. So trägt Adele Bloch-Bauer um den Hals ein hohes „Collier-de-chien", dessen Entwurf von Hoffmann oder Kolo Moser stammen könnte. Der linke Arm ist mit vier Reifen besetzt, von denen drei aus Gold sind, die die charakteristische Quadrierung sowie die immer wieder propagierten Halbedelsteine aufweisen; der vierte Armreif ist aus Silber und ebenfalls mit Halbedelsteinen besetzt. Gesicht, Decolleté und Arme sind die einzig „körperlichen", plastischen Bestandteile dieses Porträts. Der restliche Körper wird durch das alles überwuchernde Ornament seiner Plastizität beraubt, die reale Sphäre damit verlassen. Auf dieser Ebene wird auch nicht mehr „realer" Schmuck gezeigt, sondern Ornament- und Schmuckform gehen eine Symbiose ein. In künstlerisch freier Art und Weise übernimmt Klimt in diesem Gemälde den Formenkanon der modernen Wiener Schmuckkunst, die Quadrate, Kreise und Ovale Hoffmanns lassen sich ebenso finden wie die magischen Augenmotive und Spiralen, die den apotropäischen Charakter von Schmuck noch deutlicher machen.[4]) Klimts byzantinische, ikonenhafte Stilauffassung macht die landläufige Gleichsetzung von Schmuck und Ornament besonders augenfällig.

Eine solche Auffassung von dekorativer Ausschmückung und ornamentaler Schmuckgestaltung stand eigentümlicherweise gerade in Wien im Kreuzfeuer zweier Spannungspole. Einer etablierten, konservativen Gesellschaftsschicht konnte eine solche Schmuckauffassung nur als zu abstrakt, vergeistigt und intellektuell erscheinen[5]); zudem eignete sich dieser moderne Ornamentschmuck nicht dazu, eine andere „archaische" Funktion von Schmuck zu erfüllen, nämlich die des leicht transferierbaren und sicheren Vermögens.

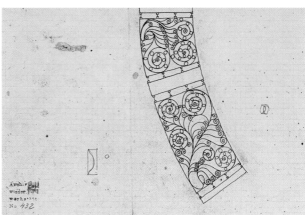

Collier-de-chien
Entwurf Kolo Moser
Badisches Landesmuseum Karlsruhe

Kolo Moser, Entwurfszeichnung
Österr. Museum für Angewandte Kunst, Wien

Auf der anderen Seite verkündete Adolf Loos (1908) sein apodiktisches Verdikt gegen jegliches Ornament, das er interessanterweise zunächst gleichsetzt mit (weiblichem) Schmuck: „je tiefer ein volk steht, desto verschwenderischer ist es mit seinem ornament, seinem schmuck". Ornament steht für Loos auf der Stufe der Barbarei, des Verbrechens, und zudem weiß er um den latenten erotischen Bezug von Schmuck und brandmarkt ihn deshalb als Zeichen primitiver Sexualität. Die Abwesenheit von Schmuck wäre demnach ein Zeichen von Reinheit und Keuschheit.[6])

Auch Loos berief sich mit seinen radikalen Äußerungen auf Ruskin, ebenso wie die Gründer der Wiener Werkstätte, deren „Produktiv Genossenschaft von Kunsthandwerkern" zur ästhetischen Keimzelle einer alle Lebensbereiche umfassenden stringenten Ornamentik werden sollte.

Josef Hoffmann und Adolf Loos, beide im Dezember 1870 geboren, stammten aus deutschsprachigen Familien in Mähren. Auch die Ausbildung zum Architekten ist beiden gemeinsam. Hoffmann besuchte 4 Jahre die Bauabteilung der höheren Staatsgewerbe-Schule in Brünn, dem Heimatort seines späteren Kontrahenten Loos. 1891 kam Hoffmann nach Wien; seine künstlerische Entwicklung um die Jahrhundertwende wurde geprägt durch die Zusammenarbeit mit Otto Wagner und die Kenntnis der englisch-schottischen Reformbewegung um Ashbee und Mackintosh. Ähnlich wie bei Loos dürfte bei Hoffmann seine „nicht-wienerische" Herkunft eine entscheidende Rolle hinsichtlich seiner Offenheit der Moderne gegenüber gespielt haben als auch die konsequente Ablehnung des bis dahin als sakrosankt geltenden Wiener „Ringstraßen-Stils". Hoffmanns Hinwendung zu geometrischen oder stereometrischen Formen war sicherlich durch seine Ausbildung als Architekt determiniert, das floral-zoomorphe decorum des französischen Art Nouveau bot sich für ihn aus diesem Grunde als künstlerisches Ausdrucksmittel nicht an.

Denn auch Hoffmann war auf der Suche nach Reinheit in der Kunst, doch anders als Loos, der die Behauptung aufstellte, daß kein neues Ornament erfunden werden könnte, reklamierte Hoffmann genau dieses Faktum für sein Schaffen. „Das reine Quadrat und der Gebrauch von Schwarz-Weiß als dominierende Farben interessierte mich deshalb so besonders, weil diese klaren Elemente nie in früheren Stilen erschienen waren"[7]) heißt es dezidiert bei ihm. Das Quadrat wird der Baustein, aus dem sich Ornament als auch Formen zusammensetzen lassen.

Von Nebensächlichkeiten angefangen, die Schmuckentwürfe der Wiener Werkstätte-Künstler erfolgen alle auf Rechenpapier mit Quadrateinteilung, bis hin zur Entwicklung einer neuen Zahlenschrift, deren Formen möglichst dem Quadrat angenähert werden und wobei die einzelne Zahl durch eine quadratische Umrahmung isoliert wird, spielt das Quadrat in allen Entwürfen die Hauptrolle. Die ersten Entwürfe der Wiener Werkstätte sind Metall- und Schmuckarbeiten. In den Jahren von circa 1905–1908 befolgt Hoffmann am konsequentesten sein Prinzip von der Zerlegung der Form in quadratische Elemente. Seine Schmuckarbeiten weisen über die Rahmung hinaus eine strenge Einteilung in verschieden große Kompartimente auf, die sich durch horizontale und vertikale Linien ergeben. Diesem linearen Gerüst werden in der Regel bunte, vielfarbige und unregelmäßig belassene Halbedelsteine hinzugefügt.[8]) Erst um 1910 kehren verstärkt gegenständliche Elemente wie Blüten, Blätter, Ranken und Spiralen - aber auch sie in abstrahierter Form - in Hoffmanns Schmuckentwürfe zurück. Die Rahmung als beherrschendes Ordnungsprinzip wird allerdings fast immer beibehalten.

Zu Recht wird konstatiert, daß die Künstler, die neben Hoffmann Schmuckentwürfe machen, wie Kolo Moser oder Eduard Wimmer, ihren speziellen Stil ausbilden, der jedoch nicht von dem durch Josef Hoffmann vorgegebenen Weg abweicht.[9]) In gewisser Weise nehmen die Entwürfe Dagobert Peches eine Sonderstellung ein. Peche kommt 1915 zur Wiener Werkstätte und leitet mit seinem Schaffen die Übergangsphase zum Art Deco ein. Die Linien seiner Schmuckstücke sind so filigran und die Formen mehr spitz und ohne Volumen, daß sie der rahmenden Funktion des Quadrats, des Rechtecks oder des Ovals als Kompositionselement besonders bedürfen. Die Entwürfe von Hoffmann und Peche nähern sich in dieser Zeit stark an, wobei die Führung innerhalb des Schmucksektors an Peche übergeht. Eine solche Erneuerung war notwendig geworden, da der von Hoffmann etablierte Formenkanon zu erstarren drohte. Peche steigerte die Ideen Hoffmanns ins „Romantische", setzte die leicht verspielte „Edelform" gegenüber der „Zweckform" durch und machte mit verhaltener Phantasie deutlich, daß ästhetischer Genuß nicht immer zweckgebunden sein muß.

Dieses offene Bekenntnis zu zweckfreiem Luxus erfolgte paradoxerweise gerade in den ersten Kriegsjahren. Die frühe Vorliebe der Wiener Werkstätte für einfache Materialien erwies sich nun unvorhergesehener Weise als noch akzeptabel für Luxusgegenstände. In Velhagen & Klasings Monatsheften vom November 1916 werden ausführlich Schmuckstücke von Hoffmann, Peche und Wimmer vorgestellt: „Es sind Gegenstände des Luxus, gewiß, aber der Heimat steht wohl an, sich denen, die sie draußen verteidigen, geschmückt und heiter zu zeigen." Zumal dieser Frauenschmuck so bescheiden, ohne jede Protzerei mit Gold, Schmucksteinen und Perlen und allein durch die liebevolle Versenkung in die Natur des Materials gebildet sei.[10])

„Je schneller die Bewegung der Maschinen, desto einfacher wird die Form", lautet ein Statement vom Beginn des neuen Jahrhunderts, worin die generelle Problematik von Kunst und Kunstproduktion im technischen Zeitalter ihren Ausdruck findet.

Hoffmann hatte mit dem Quadrat ein zunächst simples Muster für sich entdeckt, das zudem ungeheuer vielfältige Anwendungsmöglichkeiten in sich barg. Es war darüber hinaus ein reines Ornament, das keinerlei Inhalte transportierte und sich zur Nachahmung, auch in maschineller und technischer Hinsicht, geradezu anbot.

Während sich zunächst die konservativen Wiener Firmen mit Aufträgen zurückhielten – Hoffmann und Moser mußten in der Anfangsphase ihre Entwürfe den Betrieben geradezu aufdrängen, verlangten auch kein Honorar, sondern nur Tantiemen – änderte sich diese Sachlage durch verstärkte Nachfrage eines kauffreudigen Publikums.

„Die Sache wurde zur Mode, zur Industrie, die Vorbilder wurden auf wohlfeile und geschmacklose Weise nachgeahmt und wiederholt", schrieb Kolo Moser später darüber, „so daß jene vielbespöttelte „falsche" Wiener Secession entstand".[11])

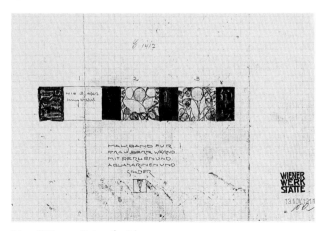

Eduard Wimmer, Entwurfszeichnung
Österr. Museum für Angewandte Kunst, Wien

Die Gründung der Wiener Werkstätte sollte einer solchen Kunstindustrie entgegenstehen, die Aspekte der Originalität und der nicht entfremdeten Arbeit werden deshalb im Programm von 1905 besonders betont. Hoffmann orientierte sich mit seiner Gründung der Wiener Werkstätte am Werkstattgedanken Charles Robert Ashbees, der im Londoner Eastend eine solche Einrichtung zuerst begründete. Die Forderung, daß die Arbeiten „useful and ornamental" zu sein hätten, wurde auch sinngemäß von den Österreichern übernommen. Anders aber als Ashbee, dessen Betrieb von sozialdemokratischen bis sozialutopischen Grundsätzen geleitet wurde und dessen Käuferschicht auch eine andere war, etablierte sich die Wiener Werkstätte nach merkantil-wirtschaftlichen Bedingungen. Durch die handwerkliche Ausrichtung, die beschränkte Produktion[12]) war sie eine anachronistische Oase im modernen Wirtschaftsleben. Nicht verwunderlich ist es, daß die Wiener Werkstätte eine Reihe von Vermögen verschlang, allen voran das des Mitbegründers und Finanziers Fritz Waerndorfer.

Durch die einfache Anwendung des von Hoffmann geprägten Formenkanons blieb zudem das Problem der Nachahmung immer virulent. Daraus resultierte eine erhöhte Aufmerksamkeit dem Gebrauchsmusterschutz gegenüber. Dem Signet der Werkstätte kommt deshalb besondere Bedeutung zu. Darüberhinaus existieren genaue Inventarbücher und Fotoalben, in denen die ausgeführten Stücke archiviert wurden.

Hoffmanns Entwicklung seines charakteristischen, aber einfachen Quadratstils belegte exemplarisch die Problematik, der die in heftiger Kontroverse geführten Diskussionen um das österreichische Musterschutz-Gesetz entsprachen. Eduard Leisching, in diesen Jahren Vize-Direktor des Museums für Kunst und Industrie, setzte sich vehement und kenntnisreich mit diesem Problem auseinander.[13]) Unlösbar erschien es, im Zeitalter der Flächenkunst Gebrauchs- und Geschmacksmusterschutz rechtlich zu verankern, hinsichtlich der Konkurrenzsituation auf dem internationalen Markt allerdings unabdingbar.

Denn Hoffmanns Baustein, das Quadrat, bot sich geradezu für die serielle Produktion an. Es ist ein Funktionselement und geht damit über die eigentliche Ornamentik hinaus. Daß aber dem Ornament diese „Bausteinfunktion" innewohnen kann, ist die eigentliche Entdeckung Hoffmanns. Die von ihm geschaffenen Schmuckstücke sind vielleicht die liebenswürdigste Umsetzung dieses Grundmoduls.

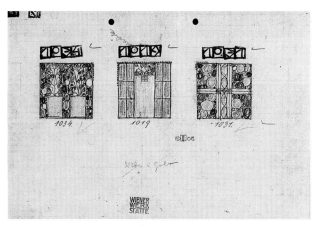

Josef Hoffmann, Entwurfszeichnung
Österr. Museum für Angewandte Kunst, Wien

Anmerkungen

[1] Programm der Wiener Werkstätte. Wien 1905 (ohne Paginierung)

[2] Prominente Namen weisen die Auftragsbücher WW auf wie z. B. Arthur Schnitzler, Fam. Wittgenstein-Stoneborough, Fam. Waerndorfer, Alma Mahler

[3] vgl. dazu die Zeitschrift der Wiener Kunstgewerbeschule mit dem bezeichnenden Titel „Die Fläche"

[4] vgl. dazu: Ulrike von Hase, Schmuck in Deutschland und Österreich. 1985. S. 34

[5] Das Gegenbeispiel bietet so auch die konservative Hofgesellschaft. Bei der Hochzeit des letzten Kaisers der Österr.-Ungar. Monarchie, Karl I., wird exemplarisch auf den kostbaren Schmuck der Braut und der Gäste verwiesen. Als einziges Zugeständnis an die Moderne erschien die Braut am Vorabend der Hochzeit in Liberty-Seide.

[6] vgl. Ernst H. Gombrich, Ornament und Kunst. Schmucktrieb und Ordnungssinn in der Psychologie des dekorativen Schaffens. Stuttgart 1982, S. 73

[7] Zitiert nach: E. Schmuttermeier, Die Wiener Werkstätte. In: Wien um 1900, Wien-München 1985, S. 192

[8] Als Einfluß auf diese Art der Dekoration kann der indische Schmuck angesehen werden, der über die Vermittlung des „Orientwarenhauses" Arthur Libertys in London nach Europa kam und von den Maschinengegnern bevorzugt und nachgeahmt wurde. Vgl. auch E. Schmuttermeier, Schmuck 1900–1925, S. 5

[9] B. Schaukal, Beiträge zur Wiener Schmuckkunst um 1900. Phil. Diss. 1976, Zusammenfassung S. 7

[10] Band XXXI, Jg. 1916/17, S. 437

[11] Kolo Moser, Mein Werdegang. In: Velhagen & Klasings Monatshefte. Band XXXI, T. 1, Jg. 1916/17, S. 254 ff.

[12] Zum 25jährigen Firmenjubiläum schreibt Hoffmann dazu ergänzend, daß „wir der sinngemäßen und sachlich einwandfreien Maschinenarbeit nirgend aus dem Weg gehen, doch kommt sie immer nur bei großem Umsatz in Frage". In: 25 Jahre Wiener Werkstätte. Unser Weg zum Menschtum. Abgedruckt in: Deutsche Kunst und Dekoration. Juni 1928

[13] s. dazu: Eduard Leisching. Der Gesetzentwurf über den Musterschutz. 1901. o.O. o.J.

Kat. 1
Anhänger, um 1900
Entwurf Max Friedrich Koch, Berlin

Wie ein Gemälde, das alle Elemente des figürlichen
Jugendstils enthält, ist dieser Anhänger gestaltet: das
träumerische Mädchenporträt mit langen ausschwin-
genden Haaren, die farbigen Libellen, das Wassermotiv
sowie der florale Dekor. Der Künstler Max Friedrich Koch
(1859–1930) war als Maler und Entwerfer für Kunstgewerbe in Berlin tätig.

Kat. 22
Ring, um 1906
Entwurf Lucien Gaillard, Paris
Ring mit Eulenköpfchen, ein Motiv, das vom Japonismus
beeinflußt wurde.

Kat. 32
Gürtelschließe, 1905
Entwurf Anna Wagner, Wien
Japonistisch beeinflußte Gürtelschließe, die als Motiv
exotische Karpfenfische mit dekorativ aufgespannten
Flossen zeigt. Vom Stilistischen her typisch ist die
„angeschnittene" Form des Bildgegenstandes.

Kat. 33
Gürtelschließe, 1900–1902
Entwurf Julius Müller-Salem, Pforzheim
Ausführung Theodor Fahrner, Pforzheim
Schmuckstück in Form eines phantastischen Tieres, das
sich aus Schmetterling und Reptil zusammensetzt. Flä-
chiges Ornament und plastische Form kommen hiermit
zusammen. Dekorativer Mittelpunkt ist der Türkis, der
im weitaufgesperrten Rachen des Tieres seine Halterung
gefunden hat.

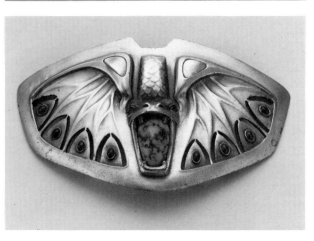

Kat. 19
Brosche „Tintenfisch und Schmetterling", 1900
Entwurf Wilhelm Lucas von Cranach
Ausführung Louis Werner, Berlin
W. L. von Cranach verwendete für seine Schmuckstücke
grundsätzlich keine Rahmung. Die bizarren Schöp-
fungen werden damit zu eigenständigen organischen
Formen.

Kat. 13
Berloque, um 1902
mit Storch und Kleinkind
Ausführung Liard, Paris
Die Berloque ist ein Anhänger, der meist an der Uhrkette
getragen wurde. Männer wie Frauen konnten je nach
Ausführung diese Art von Schmuck verwenden. Bei
dem vorliegenden Schmuckobjekt könnte es sich, vom
Motiv her, um ein Geschenk zur Geburt eines Kindes
handeln.

Kat. 60
Schmuckkamm, 1900–1906
Entwurf Lucien Gaillard, Paris
Die ungewöhnliche Kombination von Horn und
Brillanten läßt diesen Kamm als ein typisches
Schmuckobjekt des französischen Art Nouveau
erscheinen.

36

Philippe Wolfers gilt neben Lalique als der bedeutendste
Vertreter des belgisch-französischen Art Nouveau. Den
Gegenpol zum figürlichen Stil Wolfers' vertrat sein
Landsmann, der Belgier Henry van de Velde, der gleich-
zeitig das rein abstrakte Ornament in die Schmuckkunst
einführte.

Kat. 20
Anhänger, um 1900
Entwurf Philippe Wolfers
Ausführung Ter Hulpen, Brüssel

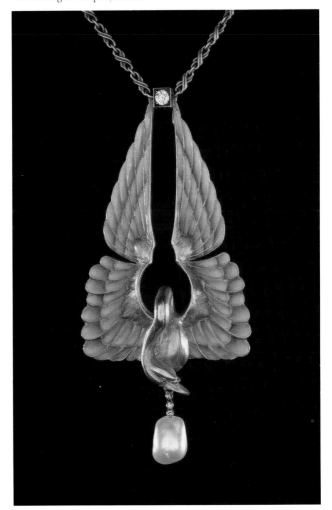

Kat. 50
Gürtelschließe, 1899
Entwurf Nikolaus Thallmayr
Blätter sowie die noch in stacheliger Schale steckenden
Früchte der Kastanie dienten als Vorlage dieses Motivs.

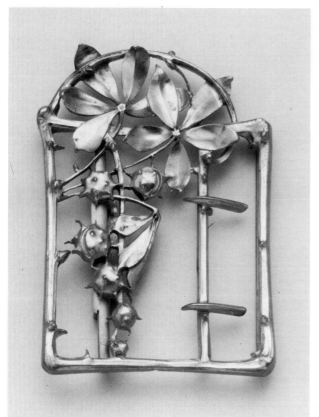

Kat. 58
Puderdose, 1900
Entwurf E. Cardeilhac, Paris
Der umlaufende Dekor an der Wandung zeigt stilisiertes
Schöllkraut (Chelidonium majus), eine Pflanze, die zur
Familie der Mohngewächse gehört. Das Schöllkraut
spielte eine wichtige Rolle in Volksmedizin und Aber-
glauben.

Kat. 65
Ring, um 1900
Entwurf Eugène Feuillâtre, Paris
Ring in Form einer kostbaren Orchideenblüte –
Schmuckstück und Blütengebilde sind miteinander
verschmolzen.

Kat. 63
Gürtelschließe, 1900–1906
Entwurf Lucien Gaillard, Paris
Gürtelschließe mit Ahornsamenkapseln, die wegen ihrer
flächigen Beschaffenheit ein beliebtes Motiv des floralen
Jugendstils waren.

39

a   b   c   d

a Kat. 66   Broschen und Hutnadel, um 1900–1902
b Kat. 92   Ausführung Werkstatt Ballin
c Kat. 189   Die Symbiose von Naturtreue und Stilisierung zeichnet
d Kat. 95   den dänischen Schmuck aus.
                    Die Broschen (a und c) sind in ihrer Form nordischem
Trachtenschmuck verpflichtet, in ihren künstlerischen
Mitteln geben sie die Tendenz des Jugendstils wieder. Die
kleine Brosche (d) zeigt sich beeinflußt von der japanischen „tsuba" mit ihrem abstrakt aufgefaßten Durch-
bruchdekor und der gewählten Grundform des Ovals.

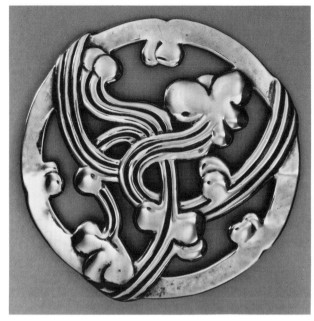

Kat. 96
Brosche
Entwurf Mogens Ballin
Ausführung Werkstatt Ballin
Die Umsetzung des keltischen Ornaments im dänischen
Schmuck zeigt noch das typisch lineare Bandwerk, das
hier allerdings weicher und voluminöser wirkt. Auch in
den floralen Andeutungen unterscheidet sich das Dekor.

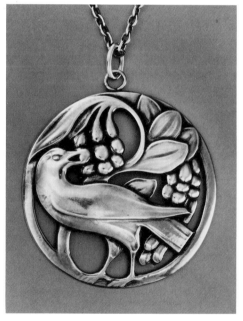

Kat. 42
Anhänger
Entwurf und Ausführung Georg Jensen, Kopenhagen
Flächigkeit in der plastischen Darstellung als auch
Volumen im Ornament zeichnet diesen durchbrochenen
Anhänger aus.

Kat. 97
Cotillon-Anhänger, 1901
Entwurf Kolo Moser, Kunstgewerbeschule Wien
Der Cotillon war um die Jahrhundertwende ein beliebter
Tanz, der oftmals als Höhepunkt eines Balls galt. Er wies
Elemente des französischen Contredanse auf, der zeit-
gemäß mit Walzer und anderen Tanzformen vermischt
sowie mit Gesellschaftsspielen durchsetzt war. Der
Anhänger enthielt als „Damenspende" ein Büchlein.
Diese Ballgeschenke waren besonders beliebt
in der Zeit von 1860–1910.

Kat. 90
Ring, um 1900
Entwurf Otto Prutscher, Kunstgewerbeschule Wien

Kat. 117
Brosche, um 1900
Entwurf Henry van de Velde
Henry van de Velde gilt als Begründer eines strengen
linear-abstrakten Ornamentstils, der auch in diesem
kleinen Schmuckstück sichtbar wird.

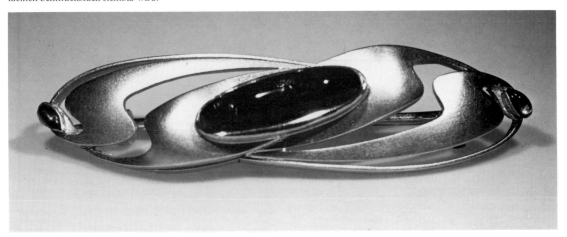

Kat. 118
Anhänger, um 1903
Ausführung Firma Heinrich Levinger, Pforzheim
Dieser Anhänger zeigt einen ornamental-abstrakten Stil,
der allerdings seine floralen Ursprünge noch nicht ganz
verleugnen kann.

Kat. 28
Anhänger, um 1905
Entwurf Georg Kleemann, Pforzheim
Ausführung Firma C.W. Müller, Pforzheim
Stilisierte Gefiederformen, kombiniert mit „reichen"
Materialien, lassen diesen Anhänger von Georg Klee-
mann kostbar und exotisch erscheinen.

Kat. 36
Brosche, um 1905–1907
Entwurf Emil Riester, Pforzheim
Brosche in Form eines Schmetterlings, bei dem die
große Perle den Rumpf bildet und die farbigen Perlmutt-
schalen die Flügel.

Kat. 26
Zierkamm, um 1907
Entwurf Georg Kleemann, Pforzheim
Ausführung Otto Zahn, Pforzheim
Japonistisch beeinflußter Kamm, dessen Schmuckplatte
mit phantastischen Insekten verziert ist.

Kat. 47
Anhänger
Dekorativer Anhänger aus Horn, ein im Jugendstil-
Schmuck beliebtes und popularisiertes Material.

Kat. 37
Brosche, um 1907
Entwurf Georg Kleemann, Pforzheim
Ausführung Otto Zahn

„Abstrakte" Schmetterlingsbrosche, die charakteristisch
die Mehransichtigkeit von G. Kleemanns Phantasie-
insekten zeigt : sowohl die Sehweise einer frontalen
Darstellung oder aber die einer Profilansicht
wäre möglich.

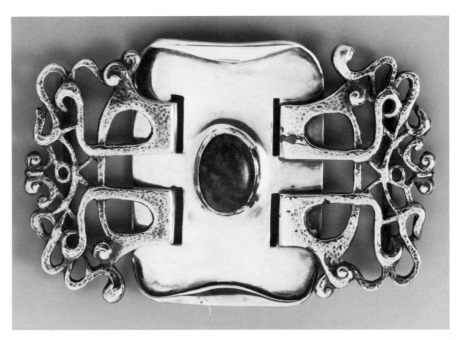

Kat. 179
Gürtelschließe, um 1900
Entwurf Oliver Baker
Ausführung Liberty & Co., London
Rustikale Gürtelschließe, die in artifizieller Weise den
Band- und Flechtwerkstil des keltischen Ornaments
wiederholt.

Kat. 187
Brosche, um 1901
Entwurf Patriz Huber
Ausführung Theodor Fahrner, Pforzheim
für Murrle, Bennett & Co, London
Ein ausgefallenes Schmuckstück, das in seiner linearen
Gestaltung verschiedene Elemente von altem Völker-
schmuck kombiniert und zu einem modernen Stück
umdeutet.

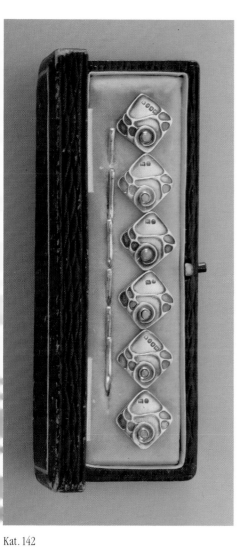

Kat. 190
Gürtelschließe, um 1903
Entwurf Albrecht Holbein (zugeschrieben)
Ausführung im Pforzheimer Raum
Eigenwillige Form einer Gürtelschließe, die durch die
geschwungenen Silber- und Emailauflagen organische
Bewegung erhält.

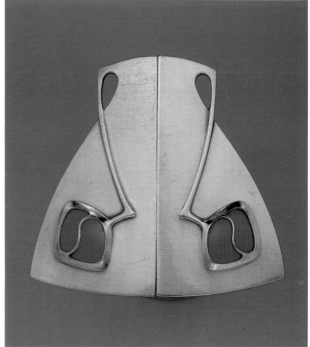

Kat. 142
Sechs Knöpfe, um 1902
mit passenden Stegen im Originaletui
Entwurf Moritz Gradl
Ausführung Theodor Fahrner, Pforzheim
Noch dem kleinsten modischen Accessoire wurde
im Jugendstil Aufmerksamkeit zuteil. Diese Blusenknöpfe
mit passenden Stegen zum Einknöpfen weisen den
abstrakten, geometrischen aber zugleich farbigen Stil der
Jahrhundertwende auf.

49

Kat. 183
Collier, um 1900–1905
Entwurf und Ausführung
Murrle, Bennett & Co, London

Mit der Technik des gehämmerten und genagelten
Silbers, der geometrischen Formensprache und
der klaren Farbigkeit entspricht dieses Collier
einem gemäßigten keltischen Stil.

Kat. 44
Anhänger
Entwurf Carl Hermann
Ausführung Hermann & Speck, Pforzheim

Kat. 196
Anhänger
Entwurf Carl Hermann
Ausführung Hermann & Speck, Pforzheim

Funktional „keltisch" oder stilisierte Naturform – Tendenzen der Pforzheimer Schmuckproduktion, die in diesen
beiden Anhängern sichtbar werden.

Zwei Anhänger von Archibald Knox, dessen eigen-
williges Lineament mit der Schönheit des im Mittelpunkt
stehenden Halbedelsteins korrespondiert.

Kat. 131
Anhänger
Entwurf Archibald Knox
Ausführung Murrle, Bennett & Co, London

Kat. 121, 120
Broschen, um 1901/02
Entwurf Patriz Huber, Darmstadt
Ausführung Theodor Fahrner, Pforzheim
Abstrakte Konstruktionselemente zeichnen den stren-
gen, geometrischen Stil von Patriz Huber aus.

Kat. 126, 127
Broschen
Entwurf Moritz Gradl
Ausführung Theodor Fahrner, Pforzheim
Reduzierte, „technische" Formen, die in ihrer Funktiona-
lität eine der künstlerischen Möglichkeiten des deut-
schen Jugendstils bedeuten.

Kat. 158
Anhänger, um 1906
Entwurf Georg Kleemann, Pforzheim
Ausführung Rodi & Wienenberger
Geometrisch-abstrakt aufgefaßter Anhänger, der nicht
auf Grund des Materials sondern allein durch seine
streng-lineare Ausführung besticht.

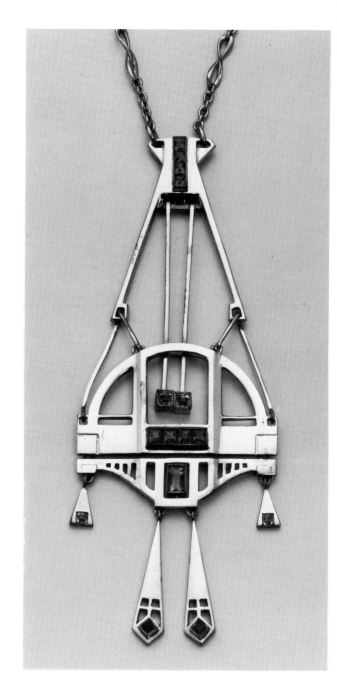

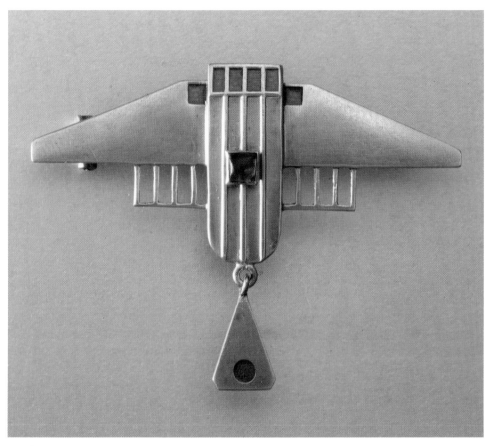

Kat. 129
Brosche, um 1902-04
Entwurf Georg Kleemann, Pforzheim
Eine Metamorphose von der wohl immer noch zugrunde
liegenden Schmetterlingsform zu einem abstrakten
Fluggebilde hat dieses modern wirkende Schmuckstück
durchgemacht.

Kat. 145
Anhänger, um 1905
Entwurf Franz Böres, Stuttgart
Ausführung Otto Zahn, Pforzheim
In diesem Schmuckstück zeigt sich eine strenge geome-
trisch-abstrakte Stilauffassung, die richtungsweisend
einen Teil der Pforzheimer Produktion ausmachte.

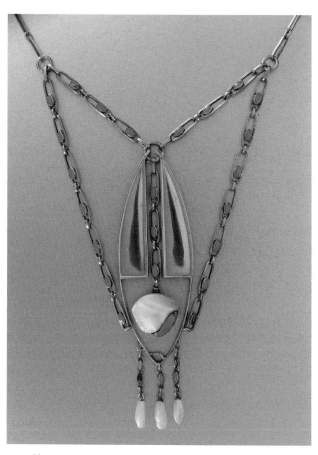

Kat. 166
Collier, um 1908
Entwurf Max Benirschke, Düsseldorf
Ausführung Theodor Fahrner, Pforzheim
Elemente der Arts-and-Crafts-Bewegung als auch der
Wiener Werkstätte kommen hier zum Tragen. Es findet
allerdings eine Umsetzung auf die Bedingungen der
deutschen Schmuckproduktion statt.

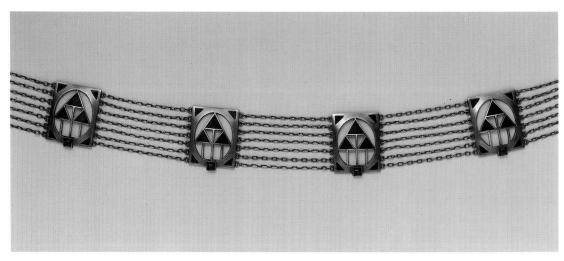

Kat. 161
Collier de chien
Entwurf Carl Hermann (?)
Beispiel für ein großangelegtes Collier mit geometrisch-
abstrakten Schmuckkompartimenten.

Kat. 197
Brosche, 1908
Entwurf Max Strobl, München
Max Strobl entwarf sowohl volkskundlich inspirierten
als auch strengen geometrischen Schmuck. Diese
Brosche erinnert durch die Anordnung des Dekors
an sakrale Ornamentik.

Kat. 159
Collier, um 1907
Entwurf Georg Kleemann, Pforzheim
Ausführung Otto Zahn, Pforzheim
In diesem Collier werden rein abstrakte Formenelemente
verwandt. Durch die gewählten Materialien wirkt der
Schmuck aber aufwendig und kostbar.

Kat. 160
Halsschmuck, um 1907
Entwurf Georg Kleemann, Pforzheim
Ausführung Otto Zahn, Pforzheim
Der strenge Reduktionsstil Georg Kleemanns ist hier
bereits wieder gemildert zugunsten einer weicheren
Formensprache.

Kat. 137
Collier mit drei Anhängern
englische Ausführung
In der Anordnung der Kettchen sowie durch die Verwendung der hellen Mondsteine entspricht dieses Collier
einer populären Umsetzung von Arts-and-Crafts-
Schmuck.

Kat. 69, 67, 193
Brosche mit Bernstein, um 1910
Brosche mit grünen Achaten
und Bernsteinanhängern, um 1908
Schließe mit Korallen, 1907
Entwurf Georg Jensen
Blüten, Früchten und Beeren gleich sind die Elemente
dieser Schmuckstücke. Die kraftvolle Farbigkeit der
Steine wie Koralle und Bernstein korrespondiert mit
den üppigen plastischen Formen des Silbers.

Kat. 16
Brosche, um 1910
Entwurf Rudolf Kowarzik
Im kleinen Format eine monumental aufgefaßte Darstel-
lung einer germanischen Gottheit (?), die von einem
Menschenpaar flankiert wird. Formal bestehen Ähnlich-
keiten zum plastischen Werk von Franz Metzner.

Kat. 211
Anhänger, um 1910
Entwurf Sofie Sander-Noske, Wien
Ein Anhänger, der durch die gewählten Materialien und
die Technik des Silberfiligrans Reminiszenzen an Trach-
tenschmuck hervorruft.

Kat. 209
Brosche, um 1910
deutsche Ausführung (?)
Dekorative, großformatige Brosche mit Anklängen
an byzantinischen Schmuck.

a   b   c   d

Kat. 212, 86, 163, 164
Brosche mit Korallen, um 1915
Entwurf Evald Nielsen
Zierkamm mit Mondsteinen
und Malachiten, um 1915
Entwurf Kay Bojesen
Brosche mit Achat, um 1905
Entwurf Thorvald Bindesbøll
Brosche mit Malachit, um 1910
Entwurf Erik Magnussen
Die Broschen (c und d) erinnern an kostbare Fund-
stücke der Natur. Sie wirken nur wie zufällig in Silber-
form gebrachte Mineralien.
Der Haarstecker ist mit einer beweglichen Schmuck-
platte versehen, so daß die Form variiert werden kann.

Kat. 70, 194, 177, 192
Anhänger mit Bernstein, um 1910
Anhänger mit grünen Achaten
und Mondsteinen, um 1908
Anhänger mit Rosenquarz
und Lapislazuli, um 1910
Brosche mit Bernsteintropfen
und Malachiten, 1905–1906
Entwurf Georg Jensen
Drei Anhänger (a, b, c), die in ihrer verspielten Form
schon Art Deco-Rokokoelemente vorwegzunehmen
scheinen. Im Mittelpunkt steht allerdings die Schönheit
der Steine: honigfarbener, durchscheinender Bernstein
oder die helle Zartheit des Rosenquarz.
Die mächtige Brosche mit Bernsteintropfen (d) läßt an
germanischen Königsschmuck denken.

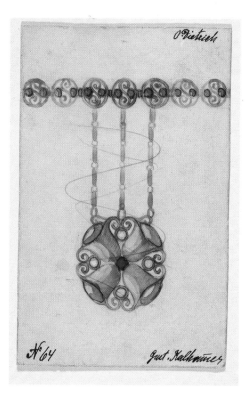

Kat. 72
Collier, um 1910
Entwurf Gustav Kalhammer
Ausführung Oskar Dietrich, Wien

dazu: Entwurfszeichnung, farbig aquarelliert
Noch einmal eine Wiener Variation über die Glockenblume: hier in plastischer Ausformung als richtige
kleine Glöckchen.

Kat. 99
Ballkalender, 1909
Entwurf Josef Hoffmann, Wien
Ausführung Wiener Werkstätte
1909 bestellte der Wiener Schriftsteller- und Journalisten-
verein „Concordia" anläßlich seines 50jährigen Beste-
hens diesen Ballkalender bei der Wiener Werkstätte. Der
Dekor zeigt stilisierte Glockenblumen, das beliebteste
florale Motiv der Wiener Werkstätte im Schmuckbereich.

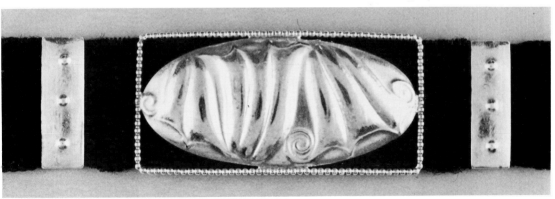

Kat. 174
Halsband, 1909–1910
Entwurf Eduard Josef Wimmer, Wien
Ausführung Wiener Werkstätte

Eduard Josef Wimmer-Wisgrill war hauptsächlich als
Entwerfer für die Modeabteilung der Wiener Werkstätte
tätig, aber auch zahlreiche Schmuckstücke stammen
von ihm. Er übernahm die geometrische Form-
auffassung J. Hoffmanns, „übersetzte" sie allerdings
ins mehr Gefällige und Elegante.

Kat. 102
Anhänger, um 1911
Entwurf Franz Delavilla
Ausführung Oskar Dietrich, Wien

Kat. 106
Anhänger, um 1910
Entwurf Johanna Frentzen, Karlsruhe
Die quadratische Schmuckform mit angehängten Kettchen und Kugeln ist eine Entlehnung aus dem turkmenischen Schmuck. Der stilisierte Maiglöckchen-Blattdekor weist nach Wien.
Ähnlich in der Auffassung erscheint der Anhänger von Franz Delavilla. Er verwendet die quadratische Form allein, der Dekor der stilisierten herzförmigen Blättchen ist kleinteiliger.

Kat. 73
Brosche, 1913
Entwurf Carl Otto Czeschka
Ausführung Wiener Werkstätte
Die Glockenblume erscheint hier erneut als Motiv.
Czeschka war bereits 1907 als Professor nach Hamburg
berufen worden. Weiterhin blieb er aber der Wiener
Werkstätte mit seinen Entwürfen verbunden.

Kat. 176
Anhänger, 1912
Entwurf Josef Hoffmann
Ausführung Wiener Werkstätte
Sparsame florale Elemente kehren um 1910 in den
Schmuck von J. Hoffmann zurück. Die Bevorzugung des
Quadrates als Schmuckform wird dadurch
etwas zurückgedrängt.

Kat. 87
Brosche, 1919
Entwurf Dagobert Peche
Ausführung Wiener Werkstätte, Zürich
Brosche mit floralen Motiven, die zwar noch Elemente
des Wiener Sezessionsstils zeigt, aber hier bereits ins Art
Deco umgedeutet.

Anthropomorphe Dekore

1 Anhänger (um 1900), Abb. Seite 33
Gold, Diamanten, vielfarbiges Translucid-
email, Orientperle
Länge (incl. Öse und Perle) 8,2 cm
Entwurf Max Friedrich Koch, Berlin
Schmuckmuseum Pforzheim, Inv.Nr. 1966/14
Lit.: v. Hase 1985, Nr. 288; Falk 1985, Nr. 139

2 Schirmgriff (um 1900)
mit Mädchenkopf in Blüte
Silber, teilweise bruniert, vergoldet
gestempelt Meisterzeichen LG, Punze
signiert LUCIEN GAILLARD PARIS
Höhe 6,5 cm
Entwurf Lucien Gaillard, Paris
Kunstgewerbemuseum SMPK Berlin,
Inv.Nr. 00,640
Lit.: Scheffler 1966, Nr. 12

3 Schirmgriff (1900)
mit Mädchenkopf in Blüte
Silber, teilweise bruniert, vergoldet
Höhe 8 cm
Entwurf Lucien Gaillard, Paris
Kunstgewerbemuseum SMPK Berlin,
Inv.Nr. 00,639
Lit.: Scheffler 1966, Nr. 13

4 Spiegel-Medaillon (um 1900)
mit Mädchenporträt
Gold
Breite 3,5 cm
Ausführung Gebrüder Falk, Pforzheim
Schmuckmuseum Pforzheim, Inv.Nr. KV 1421
Lit.: Falk 1985, Nr. 160

5 Spiegel-Medaillon (um 1900)
mit Tänzerin
Silber, vergoldet
Höhe (ohne Öse) 4,3 cm
Ausführung Gebrüder Falk, Pforzheim
Schmuckmuseum Pforzheim, Inv.Nr. Sch 2216
Lit.: Falk 1985, Nr. 159

6 Brosche (um 1900)
mit Mädchenporträt
Gold
gestempelt Feingehaltspunze
Höhe 2,9 cm
Entwurf Fritz Wolber, Pforzheim
Schmuckmuseum Pforzheim, Inv.Nr. KV 1428
Lit.: v. Hase 1985, Nr. 586; Falk 1985, Nr. 158

7 Brosche „Kronos" (um 1900)
Gold
gestempelt Feingehaltspunze HS
Breite 3,7 cm
Entwurf Anton Schmid
Ausführung Hans Soellner, Pforzheim
Schmuckmuseum Pforzheim, Inv.Nr. Sch 1842
Lit.: v. Hase 1985, Nr. 452; Falk 1985, Nr. 157

8 Brosche „Eitelkeit" (um 1900)
Gold
gestempelt Feingehaltspunze HS
Breite 3,5 cm
Entwurf Anton Schmid
Ausführung Hans Soellner, Pforzheim
Schmuckmuseum Pforzheim, Inv.Nr. Sch 1843
Lit.: v. Hase 1985, Nr. 453; Falk 1985, Nr. 156

9 Brosche (um 1898–1900)
Gold, Diamanten, Olivine, Perlen
Breite 4,2 cm
Entwurf (vermutlich) Ludwig Habich, Darmstadt
Ausführung Theodor Fahrner, Pforzheim
Schmuckmuseum Pforzheim, Inv.Nr. KV 1416
Lit.: v. Hase 1985, Nr. 112; Falk 1985, Nr. 178

10 Krawattennadel (um 1901)
Silber, teilweise vergoldet; Elfenbeinkugel
gestempelt HABICH DÉPOSÉ 900
Breite 2,9 cm
Entwurf Ludwig Habich, Darmstadt
Ausführung Theodor Fahrner, Pforzheim
Schmuckmuseum Pforzheim, Inv.Nr. 3192/59
Lit.: v. Hase 1985, Nr. 195

11 Krawattennadel (um 1901)
Silber, teilweise vergoldet; Perle
Höhe 3,4 cm
gestempelt TF 935 Déposé
Ausführung Theodor Fahrner, Pforzheim
Schmuckmuseum Pforzheim, Inv.Nr. Sch 3192/57
Lit.: v. Hase 1985, Nr. 194; Falk 1985, Nr. 179

12 Brosche (um 1900)
Gold, Perle; Perlfassung Silber, vergoldet
gestempelt Feingehaltspunze
Breite 3,2 cm
Ausführung F. Zerrenner, Pforzheim
Schmuckmuseum Pforzheim, Inv.Nr. KV 2140
Lit.: v. Hase 1985, Nr. 600; Falk 1985, Nr. 167

13 Berloque (um 1902), Abb. Seite 36
mit Storch und Säugling
Silberguß, Perlen, Diamanten
Höhe 6,8 cm
Ausführung Liard, Paris
Kunstgewerbemuseum SMPK Berlin,
Inv.Nr. 03,1
Lit.: Scheffler 1966, Nr. 20

14 Anhänger (um 1905)
Gold, weiße Zirkone, Glassteine, Perlen
mit Verwendung einer Emailplatte von
Etienne Tourette, Paris
Länge 9,7 cm
Ausführung A. Rühle, Pforzheim
Schmuckmuseum Pforzheim, Inv.Nr. KV 1526
Lit.: Falk 1985, Nr. 162

15 Pillendose (um 1908)
Messing, versilbert
Durchmesser 4 cm
Entwurf Berthold Löffler, Wien
Ausführung Wiener Werkstätte
nicht bezeichnet
G.T.B. Düsseldorf
Lit.: Becker 1985, S. 149 Abb. 226

16 Brosche (um 1910), Abb. Seite 63
mit Maske und Menschenpaar
Silber, Elfenbein, Opal
Höhe 5 cm
Entwurf Rudolf Kowarzik
Schmuckmuseum Pforzheim, Inv.Nr. Sch 2523
Lit.: Falk 1985, Nr. 193

Zoomorphe Dekore

17 Schmuckkamm (um 1898–1900)
mit Schlange und Laubfrosch
Gold, mehrfarbig; Schildpatt
Länge 9,8 cm
Ausführung F. Zerrenner, Pforzheim
Schmuckmuseum Pforzheim, Inv.Nr. KV 1422
Lit.: v. Hase 1985, Nr. 593; Falk 1985, Nr. 171

18 Brosche
in Form eines Fabeltieres aus Schlange,
Löwenkopf und Gefieder
Silber vergoldet; Email und Perle
gestempelt 800 b. a.
Breite 7,5 cm
Art 1900, Berlin
Lit.: Becker 1985, Abb. 160

19 Brosche (1900), Abb. Seite 35
„Tintenfisch und Schmetterling"
Gold, Barockperlen, Diamanten, Rubine,
Amethyste, verschiedenfarbiges Translucid-
email, Topas
graviert WCL 1900
Länge 9,5 cm
Entwurf Wilhelm Lucas von Cranach, Berlin
Ausführung Louis Werner, Berlin
Schmuckmuseum Pforzheim, Inv.Nr. 1979/6
Lit.: v. Hase 1985, Nr. 68; Falk 1985, Nr. 140

20 Anhänger (um 1900), Abb. Seite 37
mit Schwan
Gold, Email, Diamanten, Barockperle
gestempelt Wiener Einfuhrpunze für Gold
Höhe 7,5 cm
Entwurf Philippe Wolfers, Brüssel
Ausführung Ter Hulpen, Brüssel
Österr. Museum für Angewandte Kunst, Wien,
Inv.Nr. Bi 1475
Lit.: Falk 1985, Nr. 89; Schmuttermeier 1986, Nr. 1

21 Brosche (um 1901)
mit Pfau
Silber, vergoldet; Opale, Perlen, blaues und
grünes Email
Länge 3,9 cm
Entwurf Karl Rothmüller
Städt. Museum Schwäbisch-Gmünd, Inv.Nr. 1052
Lit.: v. Hase 1985, Nr. 413

22 Ring (um 1906), Abb. Seite 34
Gold, Email
signiert L. GAILLARD
Durchmesser 2 cm
Entwurf Lucien Gaillard, Paris
Österr. Museum für Angewandte Kunst, Wien,
Inv.Nr. Bi 1295
Lit.: Schmuttermeier 1986, Nr. 53

23 Brosche (um 1900–1902)
Gold, Türkis, Smaragde, Rubine, Perlschalen,
blaues Fensteremail
gestempelt TF 585
Breite 4,6 cm
Entwurf Georg Kleemann, Pforzheim
Ausführung Theodor Fahrner, Pforzheim
Schmuckmuseum Pforzheim, Inv.Nr. Sch 1934
Lit.: v. Hase 1985, Nr. 262; Falk 1985,
Nr. 197 Abb. 196

24 Haarstecker (um 1900–1902)
mit Schmetterling
Gold, Opal, Perlschale, Smaragde, Straß,
verschiedenfarbiges Translucidemail, Horn
gestempelt Feingehaltspunze, Omega
Gesamtlänge 10,9 cm
Entwurf Georg Kleemann, Pforzheim
Ausführung F. Zerrenner, Pforzheim
Schmuckmuseum Pforzheim, Inv.Nr. Sch 1961
Lit.: v. Hase 1985, Nr. 263; Falk 1985, Nr. 200

25 Zierkamm (um 1902)
mit Schmetterling
Gold, gefärbter Achat, Perlen, Diamanten,
Email, Schildpatt
Breite 7,5 cm
Entwurf Georg Kleemann, Pforzheim
Ausführung Lauer & Wiedmann, Pforzheim
Schmuckmuseum Pforzheim, Inv.Nr. Sch 1855
Lit.: Falk 1985, Nr. 198

26 Zierkamm (um 1907), Abb. Seite 46
mit Zikaden
Gold, Opal, Rubine, Perlen, Email, Schildpatt
Breite 7,7 cm
Entwurf Georg Kleemann, Pforzheim
Ausführung Otto Zahn, Pforzheim
Schmuckmuseum Pforzheim, Inv.Nr. Sch 2357
Lit.: Wichmann 1980, S. 188 Abb. 500;
Falk 1985, Nr. 199

27 Brosche (um 1900–1902)
in Form eines Insekts
Gold, Opal, Smaragde, blaues Fensteremail
Breite 4,4 cm
Entwurf Georg Kleemann, Pforzheim
Ausführung Lauer & Wiedmann, Pforzheim
Schmuckmuseum Pforzheim, Inv.Nr. Sch 1858
Lit.: v. Hase 1985, Nr. 260; Falk 1985,
Nr. 196 Abb. 197

28 Anhänger (um 1905), Abb. Seite 44
Gold, Saphir, Perlen, Email
Breite 5,2 cm
Entwurf Georg Kleemann, Pforzheim
Ausführung C. W. Müller, Pforzheim
Schmuckmuseum Pforzheim, Inv.Nr. Sch 2105
Lit.: v. Hase 1985, Nr. 268; Falk 1985, Nr. 176

29 Anhänger (1902)
Gold, Saphire, Zuchtperlen, unechte Flügelperle,
Translucidemail
gestempelt Feingehaltspunze
Länge 3,7 cm
Entwurf Georg Kleemann, Pforzheim
Ausführung F. Zerrenner, Pforzheim
Schmuckmuseum Pforzheim, Inv.Nr. KV 1473
Lit.: v. Hase 1985, Nr. 267; Falk 1985, Nr. 166

30 Brosche (1902)
Form und Material wie Kat. Nr. 29
Breite 3,7 cm
Entwurf Georg Kleemann, Pforzheim
Ausführung F. Zerrenner, Pforzheim
Schmuckmuseum Pforzheim, Inv.Nr. Sch 1944
Lit.: v. Hase 1985, Nr. 267; Falk 1985, Nr. 166

31 Zigarettendose (1902)
Silber, innen vergoldet; Email
gestempelt 633, Kleeblattmarke
Entwurf Antoinette Krasnik, Wien
Ausführung Alexander Sturm, Wien
Badisches Landesmuseum Karlsruhe,
Inv.Nr. 72/187
Lit.: Franzke 1987, Nr. 53

32 Gürtelschließe (1905), Abb. Seite 34
mit Karpfen
Silber
Breite 10,1 cm
Entwurf Anna Wagner, Wien
Österr. Museum für Angewandte Kunst, Wien,
Inv.Nr. Bi 1254
Lit.: v. Hase 1985, Nr. 766;
Schmuttermeier 1986, Nr. 93

33 Gürtelschließe (1900–1902), Abb. Seite 34
Silber, sulfiert; Lapislazuli, Türkis, Perlschalen
gestempelt DÉPOSÉ 935 TF
Breite 7,7 cm
Entwurf Julius Müller-Salem, Pforzheim
Ausführung Theodor Fahrner, Pforzheim
Schmuckmuseum Pforzheim, Inv.Nr. Sch 1864
Lit.: v. Hase 1985, Nr. 335; Falk 1985, Nr. 192

34 Brosche
mit Reptiliendekor
Silber, Lapislazuli
gestempelt 900
Durchmesser 5,2 cm
Entwurf und Ausführung
Ignatius Taschner, München
G.T.B., Düsseldorf
Lit.: vgl. v. Hase 1985, Nr. 474

35 Brosche (um 1905)
Silber, getrieben, sulfiert; Lapislazuli, Citrine,
geschichteter Onyx
Länge 7,9 cm
Entwurf und Ausführung
Ignatius Taschner, München
Städt. Museum Schwäbisch-Gmünd, Inv.Nr. 1232
Lit.: v. Hase 1985, Nr. 475

36 Brosche (um 1905–1907), Abb. Seite 45
als Schmetterling
Silber, vergoldet; Perlmuttschalen, Perlen,
Smaragde, Rubine
Breite 7,7 cm
Entwurf Emil Riester, Pforzheim
Schmuckmuseum Pforzheim, Inv.Nr. Sch 2405
Lit.: v. Hase 1985, Nr. 402; Falk 1985, Nr. 177

37 Brosche (um 1907), Abb. Seite 47
mit Schmetterlingsflügeln
Silber, vergoldet; Türkise, Amethyste, Smaragde,
Rubine, Perlen, Perlmutt
Länge 12 cm
Entwurf Georg Kleemann, Pforzheim
Ausführung Otto Zahn, Pforzheim
Schmuckmuseum Pforzheim, Inv.Nr. Sch 2358
Lit.: v. Hase 1985, Nr. 282; Falk 1985, Nr. 203

38 Brosche
in Form eines Schmetterlings
Silber, Email, Opale
Breite 6,5 cm
Ausführung Guild of Handicraft, London
Sammlung Galerie Geitel, Berlin

39 Brosche
in Form eines Octopus
Silber, Perlmutt
Durchmesser 5,6 cm
Sammlung Galerie Geitel, Berlin

40 Hutnadeln
als Schmetterlingsflügel
Silber, Perlmutt, Translucidemail
gestempelt Signet
Länge 22 cm
Entwurf Otto Prutscher, Wien
Ausführung Werkstatt im Pforzheimer Raum
Sammlung Galerie Geitel, Berlin

41 Brosche
mit Vogel
Silber, Amethyste
gestempelt Georg Jensen 828 S G. J.
Breite 2,9 cm
Ausführung Georg Jensen, Kopenhagen
Privatbesitz L. B.

42 Anhänger, Abb. Seite 41
mit Vogel und Beeren
Silber
gestempelt Sterling 925 GJ Denmark 53
Durchmesser 6 cm
Entwurf und Ausführung
Georg Jensen, Kopenhagen
Privatbesitz L. B.

43 Brosche (um 1910)
in Form einer Muschel
Silber, Türkis
gestempelt 900 F Zwollo;
sign. Hagener Silberschmiede
Durchmesser 4,9 cm
Entwurf Frans Zwollo
Ausführung Hagener Silberschmiede
Sammlung Galerie Geitel, Berlin
Lit.: vgl. v. Hase 1985, S. 206

44 Anhänger, Abb. Seite 51
in Form eines stilisierten Schmetterlings
Silber, Perlen, Markasiten, Citrinen, Email,
Flußperle
gestempelt HS; Déposé 900
Durchmesser 3 cm
Entwurf Carl Hermann, Pforzheim?
Ausführung Hermann & Speck, Pforzheim
Privatbesitz L. B.
Lit.: vgl. v. Hase 1985, Nr. 216, 217

45 Anhänger
in Form eines Schmetterlings
Horn mit Türkisen
signiert GIP
Durchmesser 10 cm
Entwurf George Pierre
I. Vieregg-Gülsen, Bleibtreu-Antik, Berlin

46 Anhänger
mit Libelle
Horn, Carneol, Türkise, Seidenband
signiert FDE
Länge 11 cm
I. Vieregg-Gülsen, Bleibtreu-Antik, Berlin

47 Anhänger, Abb. Seite 46
mit Schmetterling auf Blüten
Horn, Bernstein, Chalzedone
unbezeichnet
Länge 12 cm
I. Vieregg-Gülsen, Bleibtreu-Antik, Berlin

48 Anhänger
mit Libelle
Horn mit (grünen?) Steinen
unbezeichnet, zugeschrieben Bonté
Länge 10,7 cm
I. Vieregg-Gülsen, Bleibtreu-Antik, Berlin

49 Anhänger
mit Biene auf Blüten
Horn, gelbe Kugel-Tropfen
signiert Bonté
Länge 11,5 cm
I. Vieregg-Gülsen, Bleibtreu-Antik, Berlin

Florale Dekore, naturgetreu

50 Gürtelschließe (1899), Abb. Seite 38
Silber, vergoldet
gestempelt Feingehaltspunze
Höhe 6,5 cm
Entwurf Nikolaus Thallmayr
Schmuckmuseum Pforzheim, Inv.Nr. KV 1362
Lit.: v. Hase 1985, Nr. 478; Falk 1985, Nr. 144

51 Brosche (um 1900)
Blüten und Blattwerk
Silber, vergoldet
gestempelt französische Silberpunzen
(Eberkopf, Meisterzeichen E.C., Schwan in Raute)
Länge 6,9 cm
Sammlung Galerie Geitel, Berlin

52 Anhänger (um 1902)
Gold, verschiedenfarbiges Translucidemail, Perlen
gestempelt Feingehaltspunze
Länge 3,8 cm
Ausführung F. Zerrenner, Pforzheim
Schmuckmuseum Pforzheim, Inv.Nr. Sch 1942
Lit.: v. Hase 1985, Nr. 603; Falk 1985, Nr. 175

53 Brosche
mit kleinteiligem Blütenwerk
Silber, Amethyst
gestempelt TF, DÉPOSÉ
Durchmesser 3 cm
Ausführung Theodor Fahrner, Pforzheim
Sammlung Galerie Geitel, Berlin

54 Anhänger (um 1900)
Gold, Perlen, Diamant, Translucidemail
Gesamtlänge 7,5 cm
Ausführung F. Zerrenner, Pforzheim
Schmuckmuseum Pforzheim, Inv.Nr. Sch 1970
Lit.: Falk 1985, Nr. 170

55 Hutnadel (um 1898–1900)
Gold, Email, Perle
Gesamtlänge 17 cm
Ausführung F. Zerrenner, Pforzheim
Schmuckmuseum Pforzheim, Inv.Nr. KV 1423
Lit.: v. Hase 1985, Nr. 594; Falk 1985, Nr. 169

56 Brosche (um 1898)
Gold, Perlen, Email
Breite 2,8 cm
Ausführung F. Zerrenner, Pforzheim
Schmuckmuseum Pforzheim, Inv.Nr. Sch 1631
Lit.: Falk 1985, Nr. 165

57 Brosche (1898)
Gold, weißes und gelbes Opakemail
Breite 3 cm
Entwurf O. M. Werner, Berlin
Ausführung J. H. Werner, Berlin
Österr. Museum für Angewandte Kunst, Wien,
Inv.Nr. F. Sch. 259
Lit.: v. Hase 1985, Nr. 575;
Schmuttermeier 1986, Nr. 22

58 Puderdose (1900), Abb. Seite 38
Silber, vergoldet; Elfenbein
gestempelt U 74; signiert
Durchmesser 9,7 cm
Entwurf E. Cardeilhac, Paris
Kunstgewerbemuseum SMPK Berlin,
Inv.Nr. 00,613
Lit.: Scheffler 1966, Nr. 16

59 Anhänger (um 1900)
Silber, vergoldet; Perlen, Email
gestempelt HL 900, DÉPOSÉ
Länge 6,7 cm
Ausführung Heinrich Levinger, Pforzheim
Art 1900, Berlin

60 Schmuckkamm (1900–1906), Abb. Seite 36
Horn, Brillanten
bezeichnet L. Gaillard
Höhe 17,6 cm
Entwurf Lucien Gaillard, Paris
Österr. Museum für Angewandte Kunst, Wien,
Inv.Nr. Pl. 534
Lit.: Schmuttermeier 1986, Nr. 48

61 Haarstecker
Horn, Perlmutt
signiert R. Thibault
Länge 12,8 cm
Privatbesitz B. L.

62 Schmuckkamm (um 1900–1902)
Gold, Perlen, Türkis, Schildpatt
Länge 7,2 cm
Ausführung F. Zerrenner, Pforzheim
Schmuckmuseum Pforzheim, Inv.Nr. Sch 1962
Lit.: v. Hase 1985, Nr. 606; Falk 1985, Nr. 172

63 Gürtelschließe (1900–1906), Abb. Seite 39
Horn, Metallauflagen
Breite 8,4 cm
Entwurf Lucien Gaillard, Paris
Österr. Museum für Angewandte Kunst, Wien,
Inv.Nr. Bi 1294
Lit.: Schmuttermeier 1986, Nr. 51

64 Gürtelschließe (um 1900)
Silber, Elfenbein gefärbt
gestempelt Feingehalts- und Ausfuhrpunze
signiert Cardeilhac
Höhe 5,4 cm
Entwurf E. Cardeilhac, Paris
Österr. Museum für Angewandte Kunst, Wien,
Inv.Nr. Bi 1218
Lit.: Schmuttermeier 1986, Nr. 44

65 Ring (um 1900), Abb. Seite 39
Gold, Email, Brillanten
Höhe 2,3 cm
Entwurf Eugène Feuillâtre, Paris
Österr. Museum für Angewandte Kunst, Wien,
Inv.Nr. Bi 1210
Lit.: Schmuttermeier 1986, Nr. 46

66 Brosche (um 1902), Abb. Seite 40
im Originaletui
Silber, Amethyste
gestempelt M. BALLINS EFT. BH 826
Breite 9 cm
Ausführung Werkstatt Ballin
Sammlung Schwandt, Berlin
Lit.: Weltkunst Nr. 22 (1987) S. 3413 Abb.

67 Brosche (um 1908), Abb. Seite 63
Silber, Bernstein, grüne Achate
gestempelt Georg Jensen-Signet (erhaben),
G I. 830 (im Hochoval), 58
Breite 6,8 cm
Entwurf und Ausführung Georg Jensen,
Kopenhagen
Sammlung Schwandt, Berlin
Lit.: Weltkunst Nr. 22 (1987) S. 3413 Abb.

68 Brosche mit Anhänger (um 1910)
Silber, Bernstein
gestempelt GEORG JENSEN
Länge 11 cm
Entwurf und Ausführung Georg Jensen,
Kopenhagen
Schmuckmuseum Pforzheim, Inv.Nr. Sch 2484
Lit.: Falk 1985, Nr. 136

69 Brosche (um 1910), Abb. Seite 63
Silber mit Bernstein
gestempelt GEORG JENSEN 826 S GJ G. I.
Länge 13,2 cm
Entwurf und Ausführung Georg Jensen,
Kopenhagen
Sammlung Schwandt, Berlin
Lit.: Weltkunst Nr. 22 (1987) S. 3413 Abb.

70 Anhänger (um 1910), Abb. Seite 67
Silber, topasartiger Bernstein
gestempelt GEORG JENSEN-Signet
(vertieft), 925 S DENMARK 54
Höhe 7,5 cm
Entwurf Georg Jensen, Kopenhagen
Ausführung Werkstatt Jensen nach 1945
Sammlung Schwandt, Berlin
Lit.: Weltkunst Nr. 22 (1987) S. 3413 Abb.

71 Collier (um 1907)
Gold, Türkise, Rubin, Brillantrosen, Perlen,
Flügelperlen
Länge 6,3 cm
Entwurf Georg Kleemann, Pforzheim
Ausführung Otto Zahn, Pforzheim
Schmuckmuseum Pforzheim, Inv.Nr. KV 1675
Lit.: v. Hase 1985, Nr. 281

72 Collier (um 1910), Abb. Seite 68
Silber, vergoldet; Chrysopras, Türkise, Almandin
Länge 34,4 cm
Entwurf Gustav Kalhammer
Ausführung Oskar Dietrich, Wien
Österr. Museum für Angewandte Kunst, Wien,
Inv.Nr. W. I. 930
dazu: Entwurfszeichnung, farbig aquarelliert,
Nachlaß Dietrich
Lit.: v. Hase 1985, Nr. 664;
Schmuttermeier 1986, Nr. 69

73 Brosche (1913), Abb. Seite 71
Gold, Opale
gestempelt Feingehalts- und Amtspunze,
WW-Monogramm
Höhe 6,7 cm, Breite 5,9 cm
Entwurf Carl Otto Czeschka, Wien
Ausführung Wiener Werkstätte
Österr. Museum für Angewandte Kunst, Wien,
Inv.Nr. W. I. 1298
dazu: Entwurfszeichnung Inv.Nr. K.I.II.571/2
Lit.: v. Hase 1985, Nr. 616;
Schmuttermeier 1986, Nr. 100

74 Ring (1913)
Gold, Opal
gestempelt Feingehalts- und Amtspunze,
WW-Monogramm
Höhe 2,4 cm
Entwurf Eduard Josef Wimmer, Wien
Ausführung Wiener Werkstätte
Österr. Museum für Angewandte Kunst, Wien,
Inv.Nr. W. I. 1291
dazu: Entwurfszeichnung K.I. 13.254/27 und 28
Lit.: v. Hase 1985, Nr. 778;
Schmuttermeier 1986, Nr. 123

75 Brosche (1912–1914)
Silber, sulfiert; Perlmutt, Citrin
gestempelt TF, Feingehaltspunze
Durchmesser 3,9 cm
Ausführung Theodor Fahrner, Pforzheim
Sammlung Galerie Geitel, Berlin
Lit.: vgl. v. Hase 1985, Nr. 151

76 Brosche
Silber, Bernstein
gestempelt dänische Punzen, WG
Länge 7 cm
Sammlung Galerie Geitel, Berlin

77 Brosche
Silber, Amber
gestempelt dänische Punzen, SJ
Länge 8,9 cm
Sammlung Galerie Geitel, Berlin

78 Brosche
Silber
Durchmesser 5,5 cm
Entwurf und Ausf. Georg Jensen, Kopenhagen
Sammlung Galerie Geitel, Berlin

79 Anhänger
Horn, Glasperlen und Hornblättchen am Band
signiert Bonté
Länge 11 cm
I. Vieregg-Gülsen, Bleibtreu-Antik, Berlin

80 Anhänger
in Form einer Blume
Horn und Horntropfen, Mondstein, Holzperlen
signiert GIP
Länge 10,2 cm
Entwurf George Pierre
I. Vieregg-Gülsen, Bleibtreu-Antik, Berlin

81 Anhänger
Silber, Elfenbein, Amethyste
gestempelt TG V. 900
Länge 5 cm
Entwurf Theodor von Gosen, München
Sammlung Galerie Geitel, Berlin

82 Brosche
Silber, Elfenbein, grüne Achate
gestempelt AM ATM 900
Breite 5,2 cm
Entwurf Adolf Meyer
Sammlung Galerie Geitel, Berlin
Lit.: R. Joppien, Weltkunst Nr. 23 (1986) S. 3786

83 Anhänger
Silber, Elfenbein, grüne Achate
gestempelt AM ATM 900
Länge 7,9 cm
Entwurf Adolf Meyer
Sammlung Galerie Geitel, Berlin
Lit.: R. Joppien, Weltkunst Nr. 23 (1986) S. 3786

84 Anhänger
Silber, Elfenbein, Koralle
gestempelt AM ATM 900
Durchmesser 6 cm
Entwurf Adolf Meyer
Sammlung Galerie Geitel, Berlin
Lit.: R. Joppien, Weltkunst Nr. 23 (1986) S. 3786

85 Brosche
Silber, Elfenbein
gestempelt AM ATM 900
Durchmesser 6,5 cm
Entwurf Adolf Meyer
I. Vieregg-Gülsen, Bleibtreu-Antik, Berlin

86 Haarstecker (um 1915), Abb. Seite 66
mit Scharnier
Silber, Mondstein, Malachite, Schildpatt
gestempelt KBS im Oval, 830 S
Breite (Silberteil) 11,9 cm
Entwurf und Ausf. Kay Bojesen, Kopenhagen
Sammlung Schwandt, Berlin
Lit.: Weltkunst Nr. 22 (1987) S. 3413 Abb.

87 Brosche (1919), Abb. Seite 72
Silber, vergoldet; Korallen, Elfenbein
gestempelt P, WW-Monogramm, 900, Zürich,
Rosenmarke
Breite 5,2 cm
Entwurf Dagobert Peche, Wien
Ausführung Wiener Werkstätte, Zürich
Österr. Museum für Angewandte Kunst, Wien,
Inv.Nr. Bi 1463
dazu: Entwurfszeichnung K. I. 12.697/40
Lit.: Schmuttermeier 1986, Nr. 117

Florale Dekore, stilisiert

88 Brosche (um 1898)
Gold, Perlen
Breite 3,4 cm
Entwurf Hugo Schaper, Berlin
Schmuckmuseum Pforzheim, Inv.Nr. KV 742
Lit.: v. Hase 1985, Nr. 419; Falk 1985, Nr. 138

89 Brosche (um 1898)
Gold
Breite 4,2 cm
gestempelt Feingehaltspunze, ges.gesch.,
Kreuz-Stern-Punze
Entwurf Hermann Hirzel, Berlin
Ausführung Louis Werner, Berlin
Schmuckmuseum Pforzheim, Inv.Nr. KV 741
Lit.: v. Hase 1985, Nr. 218; Falk 1985, Nr. 137

90 Ring (um 1900), Abb. Seite 42
Gold, Opakemail
gestempelt Feingehaltspunze
Durchmesser 1,9 cm
Entwurf Otto Prutscher, Wien
Österr. Museum für Angewandte Kunst, Wien,
Inv.Nr. Bi 1225
Lit.: Schmuttermeier 1986, Nr. 85

91 Brosche (um 1910)
Silber, vergoldet; Saphir, Perlen, verschieden-
farbiges Translucidemail
gestempelt MIG 585
Breite 3 cm
Entwurf Moritz Gradl, München
Ausführung Theodor Fahrner, Pforzheim
Schmuckmuseum Pforzheim, Inv.Nr. Sch 1775
Lit.: v. Hase 1985, Nr. 179; Falk 1985, Nr. 180

92 Hutnadel (um 1900), Abb. Seite 40
Silber
Gesamtlänge 12,8 cm
Entwurf Mogens Ballin
Sammlung Schwandt, Berlin
Lit.: Weltkunst Nr. 22 (1987) S. 3413 Abb.

93 Manschettenknöpfe (1900–1901)
Silber, teilweise vergoldet; Email
gestempelt Feingehaltspunze, HK
Durchmesser 2 x 1,8 cm
Entwurf Else Unger-Holzinger
Ausführung Hermann Kappermann, Wien
Österr. Museum für Angewandte Kunst, Wien,
Inv.Nr. Bi 1223
Lit.: v. Hase 1985, Nr. 761;
Schmuttermeier 1986, Nr. 89

94 Brosche (1901)
Silber, vergoldet; Translucidemail
gestempelt Feingehaltspunze, HK
Breite 2,7 cm
Entwurf Else Unger-Holzinger
Ausführung Hermann Kappermann, Wien
Österr. Museum für Angewandte Kunst, Wien,
Inv.Nr. Bi 1224
Lit.: v. Hase 1985, Nr. 762;
Schmuttermeier 1986, Nr. 90

95 Brosche (um 1900), Abb. Seite 40
Silber
Breite 5,8 cm
Ausführung Werkstatt Ballin
Sammlung Schwandt, Berlin
Lit.: Weltkunst Nr. 22 (1987) S. 3413 Abb.

96 Brosche, Abb. Seite 41
Silber
gestempelt S.82 F. BALLIN
Durchmesser 7,5 cm
Entwurf Mogens Ballin
Ausführung Werkstatt Ballin
G.T.B., Düsseldorf

97 Cotillon-Anhänger (1901), Abb. Seite 42
Futteral Samt mit Messing und Email;
Buch leinengebunden
Höhe 16 cm
Entwurf Kolo Moser, Wien
Badisches Landesmuseum Karlsruhe,
Inv.Nr. 70/206a
Lit.: Franzke 1987, Nr. 257

98 Cotillon-Anhänger (1902)
Messingblech; Glas von Loetz Wwe.
Länge 20 cm
Entwurf Antoinette Krasnik, Wien
Badisches Landesmuseum Karlsruhe,
Inv.Nr. 70/196
Lit.: Franzke 1987, Nr. 256

99 Ballkalender (1909), Abb. Seite 69
Messing, Leder, farbiges Vorsatzpapier
eingeprägt WIENER WERKSTÄTTE
Format 14 x 11 cm
Entwurf Josef Hoffmann, Wien
Ausführung Wiener Werkstätte
Bröhan-Museum Berlin, Inv.Nr. 86/169
Lit.: Weltkunst Nr. 17 (1986) S. 2335;
Franzke 1987, Nr. 52

100 Knopf
Silber
gestempelt WW, Wiener Silberpunze
Durchmesser 1,6 cm
Entwurf Josef Hoffmann, Wien
Ausführung Wiener Werkstätte
Art 1900, Berlin

101 Brosche
Messing, vergoldet; Email
Durchmesser 4,2 cm
gestempelt WW
Entwurf Josef Hoffmann, Wien
Ausführung Wiener Werkstätte
Art 1900, Berlin
Lit.: Schmuttermeier 1986, Nr. 103

dazu: Brosche
Messing, Email
gestempelt WW
Länge 3,2 cm
Art 1900, Berlin

102 Anhänger (um 1911), Abb. Seite 70
Silber, vergoldet; Opale, Smaragde
gestempelt Amtspunze, OD
Höhe 4,4 cm
Entwurf Franz Delavilla
Ausführung Oskar Dietrich, Wien
Österr. Museum für Angewandte Kunst, Wien,
Inv.Nr. W.I. 932
Lit.: v. Hase 1985, Nr. 620;
Schmuttermeier 1986, Nr. 66

103 Anhänger (um 1911)
Silber, vergoldet; Lapislazuli
gestempelt OD
Entwurf Franz Delavilla
Ausführung Oskar Dietrich, Wien
Privatbesitz B. L.

104 Collier (um 1912)
Silber, vergoldet; Saphire, Flügelperlen
Länge 28 cm
Entwurf Rudolf Haida
Ausführung Anton Heldwein, Wien
Österr. Museum für Angewandte Kunst, Wien,
Inv.Nr. W.I. 1090
Lit.: v. Hase 1985, Nr. 625;
Schmuttermeier 1986, Nr. 67

105 Gürtelschließe (um 1912)
Silber, Chrysoprase, falsche Opale
Breite 5,4 cm
Ausführung Werkstatt im Pforzheimer Raum
Schmuckmuseum Pforzheim, Inv.Nr. Sch 2659
Lit.: v. Hase 1985, Nr. 386

106 Anhänger, Abb. Seite 70
Silber, teilweise sulfiert; Email
Länge 5,7 cm
Entwurf Johanna Frentzen, Karlsruhe
Schmuckmuseum Pforzheim, Inv.Nr. Sch 2592
Lit.: v. Hase 1985, Nr. 165; Falk 1985, Nr. 153

107 Brosche (um 1910–12)
Silber, Korallen, Malachite
gestempelt
Durchmesser 6,1 cm
Entwurf Georg Jensen, Kopenhagen
Schmuckmuseum Pforzheim, Inv.Nr. Sch 2633
Lit.: Falk 1985, Nr. 135

108 Brosche
Silber, grüne Achate
gestempelt TF 900
Durchmesser 4,7 cm
Ausführung Theodor Fahrner, Pforzheim
Sammlung Galerie Geitel, Berlin

109 Brosche
Silber
gestempelt Georg Jensen A. Wendel,
Sterling Denmark 159
Durchmesser 4,4 cm
Ausführung Georg Jensen, Kopenhagen,
nach 1932
Privatbesitz L. B.

110 Brosche
Silber, Perlmuttcabochon, violette Amethyste
gestempelt 800, deutsches Werkstattzeichen
Länge 8,5 cm
G.T. B., Düsseldorf

111 Brosche
Silber, Lapislazuli
gestempelt 900, Déposé
Durchmesser 2,9 cm
Ausführung Werkstatt im Pforzheimer Raum
G.T. B., Düsseldorf

112 Brosche (1905–1910)
Keramik, Silber gefaßt
signiert Neureuther
Durchmesser 5 cm
Entwurf Christian Neureuther
Ausführung Wächtersbacher Steingutfabrik
Sammlung Galerie Geitel, Berlin

113 Gürtelschließe (um 1900)
Silber, vergoldet; Email
gestempelt G.AS Halbmond, Krone, Dianakopf
Breite 5 cm
Entwurf Georg Anton Scheid, Wien
Sammlung Galerie Geitel, Berlin

114 Brosche
Silber
Breite 6,2 cm
gestempelt verschiedene Marken
Entwurf Lambert Nienhuis
Privatbesitz L. B.

115 Brosche (1916)
Silber, Gold, Brillanten, Perlmutt auf
Porzellanplatte
gestempelt Feingehaltspunze
Durchmesser 4,8 cm
Entwurf Erik Magnussen
Sammlung Galerie Geitel, Berlin

116 Brosche (1917)
Gold, Perlmutt, Perlen, Brillanten, Saphire
gestempelt Feingehaltspunze
Durchmesser 5,8 cm
Entwurf Erik Magnussen
Sammlung Galerie Geitel, Berlin

117 Brosche (um 1900), Abb. Seite 43
Gold, Glassteine
gestempelt van-de-Velde-Monogramm
Breite 5,5 cm
Entwurf Henry van de Velde
Österr. Museum für Angewandte Kunst, Wien,
Inv.Nr. Go 1079
Lit.: Schmuttermeier 1986, Nr. 2

118 Anhänger (um 1903), Abb. Seite 43
Silber, Email, Amethyste
gestempelt HL Déposé 800
Länge 5,5 cm
Ausführung Heinrich Levinger, Pforzheim
(ab 1903 Fa. Levinger & Bissinger)
Badisches Landesmuseum Karlsruhe,
Inv.Nr. 74/56
Lit.: v. Hase 1985, Nr. 305; Franzke 1987, Nr. 255

119 Brosche (1900–1901)
Silber, sulfiert; grün gefärbter Achat, blaues Email
gestempelt PH TF 900
Länge 3,3 cm
Entwurf Patriz Huber, Darmstadt
Ausführung Theodor Fahrner, Pforzheim
Schmuckmuseum Pforzheim, Inv.Nr. Sch 1930
Lit.: v. Hase 1985, Nr. 233

120 Brosche (um 1901), Abb. Seite 54
Silber, Lapislazuli
gestempelt PH TF 935 Déposé
Länge 3,2 cm
Entwurf Patriz Huber, Darmstadt
Ausführung Theodor Fahrner, Pforzheim
Privatbesitz L. B.

121 Brosche (um 1902), Abb. Seite 54
Silber, heller Türkis
gestempelt PH TF 935 Déposé
Breite 3,4 cm
Entwurf Patriz Huber
Ausführung Theodor Fahrner, Pforzheim
G.T. B., Düsseldorf

122 Hutnadel (um 1900)
Silber
gestempelt PH
Länge 27 cm
Entwurf Patriz Huber
Sammlung Galerie Geitel, Berlin

123 Brosche (um 1901)
Silber, Chrysopras
gestempelt TF 900 R.E.G.D. MBCO
Breite 3,7 cm
Entwurf Patriz Huber
Ausführung Theodor Fahrner, Pforzheim
und Murrle, Bennett & Co., London
Sammlung Galerie Geitel, Berlin
Lit.: vgl. v. Hase 1985, Nr. 237

124 Brosche (um 1902)
Silber, Chrysopras
gestempelt TF Déposé 935
Länge 3,4 cm
Entwurf Moritz Gradl (zugeschrieben)
Ausführung Theodor Fahrner, Pforzheim
Privatbesitz L. B.
Lit.: vgl. v. Hase 1985, Nr. 180

125 Brosche (um 1902)
Silber, grüne Achate
gestempelt TF 935 Déposé MiG Sterling
Breite 4,2 cm
Entwurf Moritz Gradl
Ausführung Theodor Fahrner, Pforzheim
Sammlung Galerie Geitel, Berlin
Lit.: vgl. Becker 1985, Tafel 177

126 Brosche (um 1902), Abb. Seite 55
Silber, grüne Achate
gestempelt TF 935 Déposé 935 MiG Sterling
Breite 4,2 cm
Entwurf Moritz Gradl
Ausführung Theodor Fahrner, Pforzheim
Sammlung Galerie Geitel, Berlin
Lit.: v. Hase 1985, Nr. 181; Becker 1985, Tafel 208

127 Brosche, Abb. Seite 55
Silber, grüne Achate
gestempelt TF 935 Déposé MiG
Breite 5 cm
Entwurf Moritz Gradl, München
Ausführung Theodor Fahrner, Pforzheim
Sammlung Galerie Geitel, Berlin
Lit.: vgl. Becker 1985, Tafel 177; Europalia-Kat.
1977, Nr. 244

128 Brosche (um 1902)
Silber, Hämatite
gestempelt TF 900 Déposé MiG
Entwurf Moritz Gradl, München
Ausführung Theodor Fahrner, Pforzheim
Schmuckmuseum Pforzheim, Inv.Nr. Sch 3192/67
Lit.: v. Hase 1985, Nr. 181

129 Brosche (um 1902–1904), Abb. Seite 57
Silber, partielle Emaillierung, violetter Farbstein
gestempelt Ges. geschützt, 900, Werkstattmarke
Breite 4,5 cm
Entwurf Georg Kleemann, Pforzheim
G.T.B., Düsseldorf

130 Anhänger, Abb. Seite 52
Gold, Türkis, Blisterperlen, Rubin
gestempelt
Länge 8,4 cm
Entwurf Archibald Knox
Ausführung Liberty & Co., London
Sammlung Galerie Geitel, Berlin
Lit.: Becker 1985, Nr. 244

131 Anhänger, Abb. Seite 53
Gold, Rosenquarz
gestempelt BM, geritzt 1669
Länge 6,5 cm
Entwurf Archibald Knox
Ausführung Murrle, Bennett & Co., London
G.T.B., Düsseldorf

132 Brosche
Silber, Email
gestempelt C.H., Punzen
Breite 2,3 cm
Entwurf Charles Horner
Privatbesitz L.B.

133 Clip
Silber, Chalzedone, Mondsteine
gestempelt C.H.
Länge 5 cm
Entwurf Charles Horner (?)
I. Vieregg-Gülsen, Bleibtreu-Antik, Berlin

134 Hutnadeln
Entwurf Charles Horner
a) Silber
gestempelt CH
Länge 16 cm
b) Silber
gestempelt CH, Punzen
Länge 17,5 cm
c) Gold
gestempelt CH 375, Punzen
Länge 16,4 cm
Privatbesitz L.B.

135 Hutnadeln
Entwurf Charles Horner
a) Silber, Amethyst
gestempelt CH
Länge 22,3 cm
b) Silber, Amethyst
gestempelt CH
Länge 22 cm
Sammlung Galerie Geitel, Berlin

136 Anhänger
Gold, Türkis
gestempelt MBC 15 CT
Länge 4 cm
Ausführung Murrle, Bennett & Co., London
I. Vieregg-Gülsen, Bleibtreu-Antik, Berlin

137 Collier, Abb. Seite 62
mit drei Anhängern
Silber, Email, Mondsteine
unbezeichnet: englische Ausführung
Länge des mittleren Anhängers 4,9 cm
I. Vieregg-Gülsen, Bleibtreu-Antik, Berlin

138 Anhänger
Gold, Rohsmaragd
gestempelt MBC 18 CT
Länge 3,5 cm
Ausführung Murrle, Bennett & Co., London
I. Vieregg-Gülsen, Bleibtreu-Antik, Berlin

139 Anhänger
Silber, grünes Email, Perlmuttcabochon
gestempelt MBC, F in Raute, 950
Länge 4 cm
Ausführung Murrle, Bennett & Co., London
I. Vieregg-Gülsen, Bleibtreu-Antik, Berlin

140 Ring
Gold, Feueropal
gestempelt MBC 18 CT
Durchmesser 2,5 cm
Ausführung Murrle, Bennett & Co., London
I. Vieregg-Gülsen, Bleibtreu-Antik, Berlin

141 Sechs Knöpfe (um 1902)
im Originaletui
Silber, Türkise
gestempelt TF 935 déposé; Vorders.: Löwe,
g F, Löwenkopf
Durchmesser 1,7 cm
Ausführung Theodor Fahrner, Pforzheim
Sammlung Galerie Geitel, Berlin

142 Sechs Knöpfe (um 1902), Abb. Seite 49
mit passenden Stegen im Originaletui
Silber, Türkise
gestempelt TF
Entwurf Moritz Gradl (zugeschrieben)
Ausführung Theodor Fahrner, Pforzheim
Sammlung Galerie Geitel, Berlin
Lit.: Becker 1985, Abb. 210

143 Hutnadel (1900–1902)
Silber, sulfiert; Türkise, Lapislazuli;
Nadel Eisen vergoldet
gestempelt TF 935 DÉPOSÉ
Länge 21,5 cm
Entwurf Julius Müller-Salem, Pforzheim
Ausführung Theodor Fahrner, Pforzheim
Schmuckmuseum Pforzheim, Inv.Nr. 1867
Lit.: v. Hase 1985, Nr. 334

144 Anhänger (um 1900–1902)
Gold, Glasstein, Perle, Email
Länge 3,4 cm
Ausführung F. Zerrenner, Pforzheim
Schmuckmuseum Pforzheim, Inv.Nr. Sch 1943
Lit.: Falk 1985, Nr. 174

145 Anhänger (um 1905), Abb. Seite 58
Silber, vergoldet; Glasstein, Perlen, Email
Länge 8,5 cm
Entwurf Franz Böres, Stuttgart
Ausführung Otto Zahn, Pforzheim
Schmuckmuseum Pforzheim, Inv.Nr. Sch 2435
Lit.: v. Hase 1985, Nr. 41; Falk 1985, Nr. 188

146 Anhänger (um 1905)
Silber, vergoldet; Glassteine, unechte Perlen
Länge 9,4 cm
Entwurf Franz Böres, Stuttgart
Ausführung Otto Zahn, Pforzheim
Schmuckmuseum Pforzheim, Inv.Nr. KV 3336
Lit.: v. Hase 1985, Nr. 42; Falk 1985, Nr. 189

147 Anhänger (um 1905)
Gold, Achatplatte, Sternrubin, Glassteine
Länge 3,5 cm
Ausführung C. W. Müller, Pforzheim
Schmuckmuseum Pforzheim, Inv.Nr. Sch 2148
Lit.: v. Hase 1985, Nr. 330; Falk 1985, Nr. 191

148 Anhänger (um 1905)
Gold, Achatplatte, Sternrubin, Glassteine
Länge 4 cm
Ausführung C.W. Müller, Pforzheim
Schmuckmuseum Pforzheim, Inv.Nr. Sch 2149
Lit.: v. Hase 1985, Nr. 331; Falk 1985, Nr. 190

149 Brosche
Silber, blaues Email, Flußperle
gestempelt FG 800 Geschützt
Breite 3 cm
Ausführung Werkstatt im Pforzheimer Raum
Privatbesitz L. B.

150 Brosche
Silber, schwarzes Email
gestempelt 929 DEP.
Breite 3 cm
Ausführung Werkstatt im Pforzheimer Raum
M. Lauffer, Pulheim

151 Rocknadel (1900–1905)
Silber, verschiedenfarbiges Email
gestempelt DÉPOSÉ 900 VM
Länge 9,5 cm
Entwurf Georg Kleemann, Pforzheim
Ausführung Viktor Mayer, Pforzheim
Schmuckmuseum Pforzheim, Inv.Nr. 2166
Lit.: v. Hase 1985, Nr. 276

152 Rocknadel (1900–1905)
Silber, blaues Email; Nadel Gold
gestempelt VM 900
Länge 10 cm
Entwurf Georg Kleemann, Pforzheim
Ausführung Viktor Mayer, Pforzheim
Schmuckmuseum Pforzheim, Inv.Nr. Sch 2170
Lit.: v. Hase 1985, Nr. 277

153 Hutnadel (1900–1905)
Silber, blaues Email
Länge 23,3 cm
Entwurf Georg Kleemann, Pforzheim
Ausführung Viktor Mayer, Pforzheim
Schmuckmuseum Pforzheim, Inv.Nr. Sch 2185
Lit.: v. Hase 1985, Nr. 278

154 Anhänger (1902–1904)
Silber, vergoldet; Opakemail
Länge 4,8 cm
Entwurf Georg Kleemann, Pforzheim
Ausführung Viktor Mayer, Pforzheim
Schmuckmuseum Pforzheim, Inv.Nr. Sch 2180
Lit.: v. Hase 1985, Nr. 270

155 Anhänger (1902–1904)
Silber, vergoldet; Email
Länge 4,3 cm
Entwurf Georg Kleemann, Pforzheim
Ausführung Viktor Mayer, Pforzheim
Schmuckmuseum Pforzheim, Inv.Nr. Sch 2062
Lit.: v. Hase 1985, Nr. 273

156 Anhänger (um 1904)
Silber, vergoldet; Email
Länge 8,3 cm
Entwurf Georg Kleemann, Pforzheim
Ausführung Viktor Mayer, Pforzheim
Schmuckmuseum Pforzheim, Inv.Nr. Sch 2160
Lit.: Falk 1985, Nr. 202

157 Brosche (um 1905)
Gold, Opale, Rubine, Perlen
Länge 5,2 cm
Entwurf Georg Kleemann, Pforzheim
Ausführung Otto Zahn, Pforzheim
Schmuckmuseum Pforzheim, Inv.Nr. Sch 2225
Lit.: v. Hase 1985, Nr. 280; Falk 1985, Nr. 195

158 Anhänger (um 1906), Abb. Seite 56
Doublé, Glasstein
Länge 9 cm
Entwurf Georg Kleemann, Pforzheim
Ausführung Rodi & Wienenberger
Schmuckmuseum Pforzheim, Inv.Nr. Sch 2432
Lit.: Falk 1985, Nr. 201

159 Collier (um 1907), Abb. Seite 61
Gold, Amethyste, gefärbte Achate, Perlen
Länge 10 cm
Entwurf Georg Kleemann, Pforzheim
Ausführung Otto Zahn, Pforzheim
Schmuckmuseum Pforzheim, Inv.Nr. KV 1676
Lit.: Falk 1985, Nr. 205

160 Halsschmuck (um 1907), Abb. Seite 62
Gold, Türkis, Saphire, Rubine, Diamanten, Perlen
Gesamtlänge 34,5 cm
Entwurf Georg Kleemann, Pforzheim
Ausführung Otto Zahn, Pforzheim
Schmuckmuseum Pforzheim, Inv.Nr. Sch 2439
Lit.: Falk 1985, Nr. 204

161 Collier de chien, Abb. Seite 60
Silber, vergoldet; Email, Amethyste
Gesamtlänge 33 cm
Entwurf Carl Hermann (?)
Sammlung Galerie Geitel, Berlin

162 Anhänger (um 1908)
Silber, vergoldet; Amethyste, gefärbte Achate,
Perlen
Länge 5,1 cm
Entwurf Emil Riester, Pforzheim
Schmuckmuseum Pforzheim, Inv.Nr. Sch 2425
Lit.: v. Hase 1985, Nr. 403; Falk 1985, Nr. 194

163 Brosche (um 1905), Abb. Seite 66
Silber, gewölbter roter Achat
gestempelt TB-Signet H. KYSTER Stadtmarke
Kolding
Breite 5 cm
Entwurf Thorvald Bindesbøll
Ausführung Holger Kyster, Kolding
Sammlung Schwandt, Berlin
Lit.: Weltkunst Nr. 22 (1987) S. 3413 Abb.

164 Brosche (um 1910), Abb. Seite 66
Silber, teilweise vergoldet; Malachit
gestempelt EM 830 S
Breite 4,3 cm
Entwurf und Ausführung Erik Magnussen
Sammlung Schwandt, Berlin
Lit.: Weltkunst Nr. 22 (1987) S. 3413 Abb.

165 Anhänger (um 1906)
Silber, vergoldet; grünes Email
Länge 8,4 cm
Entwurf Max Benirschke, Düsseldorf
Ausführung Theodor Fahrner, Pforzheim
Schmuckmuseum Pforzheim,
Inv.Nr. Sch 3192/50
Lit.: v. Hase 1985, Nr. 34

166 Collier (um 1908), Abb. Seite 59
Silber, Email, Flußperlen
gestempelt TF, Feingehaltspunze
Länge des Anhängers 9 cm
Entwurf Max Benirschke, Düsseldorf
Ausführung Theodor Fahrner, Pforzheim
Stadtmuseum Düsseldorf, Inv.Nr. 1988/34
Lit.: Kat. Galerie Torsten Bröhan, Düsseldorf
1986, Seite 14

167 Anhänger (1905–1907)
Silber, vergoldet; grünes Email, grüne Achate,
Perle
Länge 6,9 cm
Entwurf Max Benirschke, Düsseldorf
Ausführung Theodor Fahrner, Pforzheim
Schmuckmuseum Pforzheim, Inv.Nr. Sch 3192/51
Lit.: v. Hase 1985, Nr. 33; Falk 1985, Nr. 185

168 Anhänger (um 1906)
Silber, vergoldet; Türkis, Perlschalen
Länge 4,4 cm
Entwurf Karl Johann Bauer, München
Schmuckmuseum Pforzheim, Inv.Nr. Sch 2364
Lit.: v. Hase 1985, Nr. 10

169 Anhänger (um 1906)
Silber, vergoldet; Amazonit, Perlschalen, Perlen
Breite 3,5 cm
Entwurf Karl Johann Bauer, München
Schmuckmuseum Pforzheim, Inv.Nr. Sch 2365
Lit.: v. Hase 1985, Nr. 9; Falk 1985, Nr. 146

170 Hutnadel (um 1906)
Silber, vergoldet; Karneol
Nadel Eisen, vergoldet
Gesamtlänge 20,9 cm
Entwurf Karl Johann Bauer, München (zugeschr.)
Schmuckmuseum Pforzheim, Inv.Nr. Sch 2398
Lit.: v. Hase 1985, Nr. 19

171 Hutnadel (um 1906)
Silber, vergoldet; Amethystquarz
Nadel Eisen, vergoldet
Gesamtlänge 25,4 cm
Entwurf Karl Johann Bauer, München
Schmuckmuseum Pforzheim, Inv.Nr. Sch 2360
Lit.: v. Hase 1985, Nr. 11

172 Broschen (um 1906)
Silber, Email
Durchmesser 2,9 cm; 3,2 x 3,6 cm
Ausführung Theodor Fahrner, Pforzheim
Schmuckmuseum Pforzheim, Inv.Nr. 1979/11
und Sch 3192/52
Lit.: Falk 1985, Nr. 182, 183

173 Brosche (1910)
Email auf Kupfer
gestempelt WW-Wortmarke
Durchmesser 2,5 cm
Entwurf Josef Hoffmann, Wien
Ausführung J. Souval für Wiener Werkstätte
Österr. Museum für Angewandte Kunst, Wien,
Inv.Nr. Bi 1564
Lit.: Schmuttermeier 1986, Nr. 103

174 Halsband (1909–1910), Abb. Seite 69
Gold, schwarzes Samtband
gestempelt Feingehalts- und Amtspunze,
WW-Monogramm, EIW, Rosenmarke, SF oder FS
Länge 32 cm
Entwurf Eduard Josef Wimmer, Wien
Ausführung Wiener Werkstätte
Österr. Museum für Angewandte Kunst, Wien,
Inv.Nr. W.I. 972
dazu: Entwurfszeichnung K.I. 13.250/10
Lit.: v. Hase 1985, Nr. 777;
Schmuttermeier 1986, Nr. 122

175 Manschettenknöpfe (um 1910)
Silber, Opale, Opakemail
Durchmesser 2,4 x 1,7 cm
Entwurf Paula Ludwig-Guggitz, Wien
Österr. Museum für Angewandte Kunst, Wien,
Inv.Nr. W.I. 791
Lit.: v. Hase 1985, Nr. 670;
Schmuttermeier 1986, Nr. 75

176 Anhänger (1912), Abb. Seite 71
Gold, Opale
gestempelt Feingehalts- und Amtspunze,
WW-Monogramm
Höhe 6,5 cm
Entwurf Josef Hoffmann, Wien
Ausführung Wiener Werkstätte
Österr. Museum für Angewandte Kunst, Wien,
Inv.Nr. W.I. 1113
Lit.: v. Hase 1985, Nr. 648;
Schmuttermeier 1986, Nr. 105

177 Anhänger (um 1910), Abb. Seite 67
Silber, Rosenquarz, Lapislazuli
gestempelt Georg-Jensen-Signet (erhaben), 830
(im Perlkranz, erhaben), 50 DENMARK
Länge 6,2 cm
Entwurf und Ausf. Georg Jensen, Kopenhagen
Sammlung Schwandt, Berlin
Lit.: Weltkunst Nr. 22 (1987) S. 3413 Abb.

„keltisch-germanisch", „Bauernschmuck"

178 Gürtelschließe (1900)
im keltischen Stil
Silber, Malachitsteine
gestempelt Feingehalts- und Jahrespunze,
Firmensignet
Länge 9 cm
Entwurf Oliver Baker
Ausführung Liberty & Co., Birmingham
Österr. Museum für Angewandte Kunst, Wien,
Inv.Nr. Bi 1216
Lit.: Schmuttermeier 1986, Nr. 33

179 Gürtelschließe (um 1900), Abb. Seite 48
im keltischen Stil
Silber, Lapislazuli
gestempelt L & Co, Löwe, Anker
Länge 10,9 cm
Entwurf Oliver Baker
Ausführung Liberty & Co., London
Sammlung Galerie Geitel, Berlin
Lit.: Anscombe/Gere 1978, Nr. 278

180 Collier (um 1900)
im keltischen Stil
Silber, Türkis
gestempelt MBCO
Länge 40 cm
Entwurf und Ausführung Murrle,
Bennett & Co., London
Sammlung Galerie Geitel, Berlin

181 Anhänger, Brosche, Ohrringe
im keltischen Stil
Silber, Amethyst
gestempelt MBCO
Entwurf und Ausführung Murrle,
Bennett & Co., London
Sammlung Galerie Geitel, Berlin
Lit.: vgl. Becker 1985, Nr. 267

182 Collier
im keltischen Stil
Silber, Perlmutt
Anhänger Länge 5,7 cm
Ausführung Guild of Handicraft, London
Sammlung Galerie Geitel, Berlin

183 Collier (um 1900–1905), Abb. Seite 50
Silber, Perlmuttcabochons
gestempelt MBCO
Länge 42 cm
Entwurf und Ausführung Murrle,
Bennett & Co., London
Sammlung Galerie Geitel, Berlin
Lit.: vgl. Becker 1985, Nr. 267

184 Brosche
im keltischen Stil
Silber, Perlmuttcabochon in Goldfassung,
Silberkügelchen
gestempelt MB 950
Breite 2,4 cm
Ausführung Murrle, Bennett & Co., London
Privatbesitz L. B.

185 Gürtelschließe (um 1904)
Silber, gehämmert; Lapislazuli
gestempelt M. P
Breite 11 cm
Österr. Museum für Angewandte Kunst, Wien,
Inv.Nr. H.Ind. 67
Lit.: Schmuttermeier 1986, Nr. 37

186 Gürtelschließe (um 1901)
Silber, gefärbte Achate
gestempelt PH TF DÉPOSÉ 900
Breite 8,7 cm
Entwurf Patriz Huber, Darmstadt
Ausführung Theodor Fahrner, Pforzheim
Schmuckmuseum Pforzheim, Inv.Nr. Sch 1768
Lit.: v. Hase 1985, Nr. 236; Falk 1985, Nr. 181

187 Brosche (um 1901), Abb. Seite 48
Silber, teilweise sulfiert, mit beweglichen Gliedern
gestempelt TF MB PH 950 Reg.D.
Länge 5,2 cm
Entwurf Patriz Huber, Darmstadt
Ausführung Theodor Fahrner, Pforzheim;
Murrle, Bennett & Co., London
Privatbesitz L. B.

188 Mantelschließe (um 1902)
Silber, gefärbte Achate, Perlschale
gestempelt Feingehaltspunze, Omega
Länge 9,1 cm
Ausführung F. Zerrenner, Pforzheim
Schmuckmuseum Pforzheim, Inv.Nr. Sch 1973
Lit.: v. Hase 1985, Nr. 607; Falk 1985, Nr. 173

189 Brosche (um 1902), Abb. Seite 40
Silber, Malachite, Amethyste
gestempelt BALLIN S 826 MB
Breite 5,2 cm
Ausführung Werkstatt Ballin
Sammlung Schwandt, Berlin
Lit.: Weltkunst Nr. 22 (1987) S. 3413 Abb.

190 Gürtelschließe (um 1903), Abb. Seite 49
Silber, blaues Email
gestempelt 900, GESCHÜTZT, Werkstattmarke
Breite 5 cm
Entwurf Albrecht Holbein (zugeschrieben)
Ausführung Werkstatt im Pforzheimer Raum
G.T.B., Düsseldorf

191 Brosche (um 1905)
Silber, grün gefärbte Achate
gestempelt TF 935 DÉPOSÉ
Länge 5,6 cm
Ausführung Theodor Fahrner, Pforzheim
Schmuckmuseum Pforzheim, Inv.Nr. Sch 2250
Lit.: v. Hase 1985, Nr. 124; Falk 1985, Nr. 184

192 Brosche (1905/06), Abb. Seite 67
Silber, Bernstein, Malachit
gestempelt GEORG JENSEN COPENHAGEN 826 S
GI GJ 22
Länge 10,4 cm
Entwurf und Ausf. Georg Jensen, Kopenhagen
Sammlung Schwandt, Berlin
Lit.: Weltkunst Nr. 22 (1987) S. 3413 Abb.

193 Schließe, 2tlg. (um 1907), Abb. Seite 63
Silber, Korallen
gestempelt Georg-Jensen-Signet (erhaben), G.I.
830 S (im Queroval), Copenhagen (im Perl-
kranz), 3
Breite 11 cm
Entwurf und Ausf. Georg Jensen, Kopenhagen
Sammlung Schwandt, Berlin
Lit.: Weltkunst Nr. 22 (1987) S. 3413 Abb.

194 Anhänger (um 1908), Abb. Seite 67
Silber, grüne Achate, Mondstein
gestempelt GEORG JENSEN 828 S COPENHAGEN
GJ G/22
Länge 7,8 cm
Entwurf und Ausf. Georg Jensen, Kopenhagen
Sammlung Schwandt, Berlin
Lit.: Weltkunst Nr. 22 (1987) S. 3413 Abb.

195 Brosche
im dänischen Stil
Silber, Carneol
gestempelt Firmensignet
Durchmesser 6,5 cm
Ausführung Steinheimer & Schott, Würzburg
I. Vieregg-Gülsen, Bleibtreu-Antik, Berlin

196 Anhänger, Abb. S. 51
Silber, Lapislazuli
gestempelt HS 900 Déposé
Länge 4,4 cm
Entwurf Carl Hermann, Pforzheim
Ausführung Hermann & Speck, Pforzheim
M. Lauffer, Pulheim
Lit.: vgl. v. Hase 1985, Nr. 216, 217

197 Brosche (1908), Abb. Seite 61
Silber, Goldspiralen, Mondstein,
grün gefärbte Achate, Perle
gestempelt Feingehaltspunze, G.St.
Länge 4,5 cm
Entwurf Max Strobl, München
Schmuckmuseum Pforzheim, Inv.Nr. Sch 2608
Lit.: v. Hase 1985, Nr. 460; Falk 1985, Nr. 147

198 Brosche (1908–1910)
Silber, Goldbelötung, Opal
gestempelt Feingehaltspunze, G.St.
Durchmesser 4,2 cm
Entwurf Max Strobl, München
Schmuckmuseum Pforzheim, Inv.Nr. Sch 2609
Lit.: v. Hase 1985, Nr. 461

199 Gürtelschließe (um 1906)
Silber, teilweise sulfiert; Türkise, Perlschalen
Breite 9,5 cm
Entwurf Karl Johann Bauer, München
Schmuckmuseum Pforzheim, Inv.Nr. Sch 2368
Lit.: v. Hase 1985, Nr. 13; Falk 1985, Nr. 149

200 Brosche (um 1907)
Silber, vergoldet; Amazonit, Mondsteine
Länge 5 cm
Entwurf Philipp Oberle, Straßburg
Schmuckmuseum Pforzheim, Inv.Nr. Sch 2406
Lit.: v. Hase 1985, Nr. 346; Falk 1985, Nr. 154

201 Anhänger (um 1908)
Silber, vergoldet; Türkis, Perlen, Moosachat,
Email
gestempelt C. A. BEUMERS 800
Länge 6,4 cm
Entwurf C. A. Beumers, Düsseldorf
Schmuckmuseum Pforzheim, Inv.Nr. Sch 2486
Lit.: v. Hase 1985, Nr. 39; Falk 1985, Nr. 155

202 Brosche (um 1910)
Silber, teilweise sulfiert; Malachit
gestempelt Mond, Krone, Feingehaltspunze
Durchmesser 2,7 cm
Entwurf Karl Johann Bauer, München
Schmuckmuseum Pforzheim, Inv.Nr. 2599
Lit.: v. Hase 1985, Nr. 16

203 Brosche (1910–1912)
Silber, teilweise sulfiert; Goldbelötung, Türkis
Durchmesser 3,7 cm
Entwurf Max Strobl, München
Schmuckmuseum Pforzheim, Inv.Nr. Sch 2611
Lit.: v. Hase 1985, Nr. 463; Falk 1985, Nr. 148

204 Gürtelschließe (um 1910–1912)
Silber, teilweise sulfiert; Türkis
gestempelt A. v. Mayrhofer 800 GES.GESCH.
Breite 10,4 cm
Entwurf Adolf von Mayrhofer, München
Schmuckmuseum Pforzheim, Inv.Nr. Sch 2605
Lit.: v. Hase 1985, Nr. 319; Falk 1985, Nr. 151

205 Gürtelschließe (1912)
Silber, sulfiert; Granate
gestempelt 900 F NEUBERT MÜNCHEN, Mond, Krone
Breite 6 cm
Entwurf Fritz Neubert, München
Schmuckmuseum Pforzheim, Inv.Nr. Sch 2612
Lit.: v. Hase 1985, Nr. 340

206 Brosche (1910–1912)
Silber, Achat
gestempelt UNGERER BERLIN 800
Durchmesser 3,5 cm
Entwurf Alfons Ungerer, Berlin
Schmuckmuseum Pforzheim, Inv.Nr. Sch 2655
Lit.: v. Hase 1985, Nr. 508

207 Brosche (1910–1912)
Silber, teilweise sulfiert; Türkis
gestempelt UNGERER BERLIN
Durchmesser 5,1 cm
Entwurf Alfons Ungerer, Berlin
Schmuckmuseum Pforzheim, Inv.Nr. Sch 2656
Lit.: v. Hase 1985, Nr. 509

208 Gürtelschließe (um 1910–1911)
Silber, Email
Breite 7 cm
Entwurf Ferdinand Hauser, München
Österr. Museum für Angewandte Kunst, Wien,
Inv.Nr. W.I. 1020
Lit.: v. Hase 1985, Nr. 205;
Schmuttermeier 1986, Nr. 26

209 Brosche, Abb. Seite 65
Silber, Email, Flußperlen, Amethyste
gestempelt
Länge 11,2 cm
Sammlung Galerie Geitel, Berlin

210 Anhänger (1910–1912)
Platin, Gold, Saphire, Citrin, Perlen,
Diamantrosetten
Länge 5 cm
Entwurf Stefanie Hunfalvy
Ausführung W. Haarstrick, Salzburg
Österr. Museum für Angewandte Kunst, Wien,
Inv.Nr. W.I. 1167
Lit.: Schmuttermeier 1986, Nr. 68

211 Anhänger (um 1910), Abb. Seite 64
Silberfiligran, Lapislazuli, Email
gestempelt Einfuhrpunze
Länge 12,7 cm
Entwurf Sofie Sander-Noske, Wien
Österr. Museum für Angewandte Kunst, Wien,
Inv.Nr. W.I. 921
Lit.: v. Hase 1985, Nr. 738;
Schmuttermeier 1986, Nr. 86

212 Brosche (um 1915), Abb. Seite 66
Silber, Korallen
gestempelt EN 830 S
Länge 9,8 cm
Ausführung Werkstatt Evald Nielsen
Sammlung Schwandt, Berlin
Lit.: Weltkunst Nr. 22 (1987) S. 3413 Abb.

213 Brosche (um 1910)
Silber, Perlmutt, Blutstein
gestempelt
Breite 4 cm
Ausführung Theodor Fahrner, Pforzheim
Art 1900, Berlin

Abgekürzt zitierte Literatur

Anscombe/Gere 1978
Isabelle Anscombe und Charlotte Gere
Arts and Crafts in Britain and America
London 1978

Becker 1985
Vivienne Becker. Art Nouveau Schmuck
Herrsching 1985

Falk 1985
Fritz Falk. Europäischer Schmuck. Vom Historismus
bis zum Jugendstil
Königsbach-Stein 1985

v. Hase 1985
Ulrike von Hase. Schmuck in Deutschland und
Österreich 1895–1914. Symbolismus – Jugendstil –
Neohistorismus. 2. Auflage
München 1985
(Materialien zur Kunst des 19. Jahrhunderts, Bd. 24)

Scheffler 1966
Wolfgang Scheffler. Werke um 1900
Berlin 1966
(Kataloge des Kunstgewerbemuseums Berlin SMPK,
Bd. II)

Schmuttermeier 1986
Elisabeth Schmuttermeier. Schmuck von 1900–1925
im Besitz des Österreichischen Museums für
Angewandte Kunst
Wien 1986
(Katalog Neue Folge Nr. 61)

Wichmann 1980
Siegfried Wichmann. Japonismus. Ostasien-Europa. Be-
gegnungen in der Kunst des 19. und 20. Jahrhunderts
Herrsching 1980

Barbara Mundt
METROPOLEN MACHEN MODE
Haute Couture der Zwanziger Jahre

Veränderte Neuauflage

149 Seiten mit 16 Farbtafeln und 174 schwarz-weißen Abbildungen
Broschiert DM 39,80*/ISBN 3-496-01056-8

Dieser sehr erfolgreiche Standardtitel der Kostümkunde der Zwanziger Jahre wird nun in einer veränderten, aktualisierten Neuauflage vorgelegt.

Pressestimmen zur ersten Auflage:

„…klug gegliedert, lebendig geschrieben, wissenschaftlich zuverlässig und hervorragend bebildert gibt der Katalog ein detailliertes und doch klares Bild der Mode dieser Jahre."
Textilarbeit und Unterricht

„…der sehr informative, brillant formulierte Katalog…"
Süddeutsche Zeitung

„Der ins Detail gehende Text vollzieht die modischen Strömungen und malt die Glanzpunkte jener Zeit nach, sorgfältig ausgewählt sind die Beispiele für die schöpferische Eleganz der europäischen Mode."
Der Tagesspiegel

„Eine unverkennbare neue Mode ist da: kreiert von einigen Erfolgreichen, „gemacht" von einer immer mächtiger werdenden Modebranche, getragen von einer ebenso gemischten wie exklusiven Gesellschaft – der Entwurf einer neuen Weiblichkeit, in der viele sich wiedererkennen."
Hannoversche Allgemeine Zeitung

August Ohm
AVANTGARDE-MODE
LOUIS XVI BIS ART DECO
Aus der Sammlung August Ohm

VIII und 112 Seiten mit 38 schwarz-weißen Abbildungen und 12 Farbtafeln, Format 24,3 x 22,5 cm
Broschiert DM 35,-*/ISBN 3-496-01019-3

Erstmals werden hier originale Moden vom ausgehenden 18. Jahrhundert bis etwa 1935 in Form einer verdichteten Geschichte weiblicher Avantgarde-Kleidung vorgestellt. Die abgebildeten historischen Kleider stammen aus der umfangreichsten privaten kostümgeschichtlichen Sammlung des europäischen Kontinents.

Vertreten sind Haute-Couture-Schöpfungen von Worth, Poiret und Alix Grès sowie „alternative" Moden wie zum Beispiel die selten erhaltenen Gewänder des präraffaelitischen Kreises und Roben von Mariano Fortuny. Hervorragende Fotos zeigen diese kostbaren Gewänder an lebenden Modellen in zeittypischem Ambiente.

*unverbindliche Preisempf.